上：九四式装甲列車・警戒車
下：同内部

上：九四式装甲列車・火砲車(丙)
下：同内部

NF文庫
ノンフィクション

新装版

軍用鉄道発達物語

「戦う鉄道」史

熊谷 直

潮書房光人新社

本書では日清・日露戦争から始まり、日本の鉄道が戦争・軍事とどのように関わったのか、その歴史を描きます。

明治政府の国策の下に組織として発展を遂げてきた鉄道とは別に、戦場で作戦の一機能を担う陸軍鉄道部隊としての歴史がありました。その沿革が語られ、戦後の自衛隊鉄道部隊にも言及されています。

戦争や軍事と鉄道の関係を掘り下げて分析した他には見られない一冊となっています。

軍用鉄道発達物語——目次

第三章　日露戦争後の鉄道と世界の戦争

第四章　国家総力戦に貢献した鉄道技術

第七章　敗戦直後の日本の鉄道

本文写真提供／著者・雑誌「丸」編集部

軍用鉄道発達物語

「戦う鉄道」史

序章　鷗トンネル

「こんど下関の海の底にトンネルができたんだって」

「そのトンネルの中をかもめが飛んでいて、さかなが泳いでいるのも見えるそうだよ」

「ほんとか」

幼稚園児たちは、そのトンネルを鷗《かもめ》トンネルと呼ぶようになった。親たちが話していた関門トンネルの名前を聞きまちがえたのであろう。


昭和十七年六月十一日に開通したこのトンネルは、戦争中に本州と九州を結ぶ動脈として大活躍をした。開通の半年前に、日米間の戦争が始まっていたからである。

九州は石炭の産地であり、京浜、名古屋、阪神の重工業地帯のエネルギー供給源になっていた。とうじの電力供給は水力発電が三分の二、火力発電が三分の一であって、火力のほとんどは石炭に頼っていた。そのほかに運輸の主役である鉄道のほとんどは、石炭を焚いて走る蒸気機関車に頼って運行されていたので、石炭なしに国家の経済活動は成り立たなくなっていたのである。

とくに戦争末期には、関門海峡が米軍爆撃機の六千個以上の機雷投下によって閉鎖状態になっていたので、九州と本州をつなぐ関門トンネルは、石炭だけでなく多くの物資や人員の列車輸送路として、かけがえがないものになっていた。

日本は対米戦を開始する前に、中国での戦争を手広く行なっていた。そのため昭和十三年に入ると政府は、生産力拡充計画を作成し、戦争関係の原材料の生産設備を計画的に増強していた。原材料を国内輸送するための鉄道車両の生産も拡大されていた。機関車は毎年、約一千台を製造する予定になっていたのである。

物の生産と同時に、物をつくる工員や技術者の労働力も国家総動員法により統制され、鉄道技術者も就業や養成が国家の統制を受けていた。鉄道の職員は昭和十三年から十九年のあいだに七割以上の増員になり、昭和十九年末の国鉄職員数は、約四十五万人に達していた。

いっぽう男子職員で、一般兵科の兵士や鉄道連隊の戦地要員として第一線に召集されるものが多かったので、かれらに代わって国鉄の現場に、それまで見られなかった女性の車掌や国鉄バスの運転手が進出していた。

「気をつけ、敬礼！」

「お国のために今日も一日がんばりましょう」

これは国鉄の職場の風景であるが、朝礼で訓辞をしているのは、女学校の教諭である。出征した男子職員の穴埋めで、女学校（中学・高校にあたる）の生徒が看板だけは女学校分校

昭和12年7月7日、龍王廟（写真）付近で射撃を受け、蘆溝橋事件が発生

と書かれてある場所で、実質的には駅の仕事をこなしていた。

　このような国家総動員の発端になったのは、昭和十二年七月七日夜に始まった蘆溝橋事件であった。

　とうじ、中国の北京（北平といっていた）と天津付近には、日本軍約四千人と米英仏伊軍約三千七百人が駐屯していた。これは明治三十三年（一九〇〇年）に、中国人結社の義和団が排外的な暴動を起こし、その平定後に各国が、治安維持のための駐兵権をとうじの清国政府から得ていたからである。各国の駐屯部隊の任務は、地域に在住している自国民の保護と、北京から渤海湾までの京山鉄道などの交通の安全を確保することであった。

　事件はこの日本軍をめぐって惹《ひ》き起こされた。北京郊外の蘆溝橋付近で夜間演習をしていた日本の一木大隊が、中国共産党系の過激分子により射撃された。日本軍は反撃し、最初は一時的な紛争で終わると思われていたが、いつのまにか日中の全面的な対決になってしまった。日本では、これが国家総動員をするまでの大規模紛争になったにもかかわらず、「戦争」ではなく「紛争」扱いされて、シナ事変と呼ばれていた。

これは、戦争の宣言をすると、米英など中立国との貿易に支障がでるからである。中立国は国際法で、交戦国の一方が有利になる貿易をすることは禁止されており、もし石油など戦争に欠かせないものが、中国と同じ量しか入ってこないとすると、困るのは日本であったからである。

その前の昭和六年に中国の東北部、日本が満州と呼ぶ地域で起こった紛争も、やはり日本の駐屯軍をめぐって起きた紛争である。ここでは、明治三十七、八年の日露戦争に勝った日本が、ロシアが清国に対してもっていた鉄道とその関連の石炭鉱山などの権利を譲り受けていた。鉄道や鉱山を運営していたのは、日本の半官半民会社である南満州鉄道（満鉄）であり、満鉄の軌道や付属地を守備していたのが、旅順に司令部を置く日本陸軍の関東軍であった。

満州事変と呼ばれているこの紛争は、昭和六年九月十八日の夜十時過ぎ、奉天（現在の瀋陽）郊外の柳条湖（柳条溝は誤り）で起きた南満州鉄道線路の爆破事件をきっかけにして起こった。この事件は後の蘆溝橋事件とはちがって、日本の関東軍参謀であった石原莞爾中佐たちの謀略により起こされたというのが通説になっている。

とうじ、この地方を実質的に支配していたのは、中国の地方軍閥である張学良政権であった。張学良は、形式的には南京中央政府の蔣介石の配下にあったが、共産主義にも感化されていて、満州で日本の影響も蔣介石の国民党の影響も受けない独立政権への道に進む動きを強めていたのである。

この状況に危機感をもっていたのが関東軍参謀たちである。日露戦争で多くの日本兵の血を流して獲得した満州の権益を、かれらに渡すことはできないという考えからである。参謀たちは奉天駐屯の独立守備隊歩兵第二大隊第三中隊の中尉に命じて、線路を爆破させた。

しかし爆発規模は小さく、その直後に奉天に向かって進行してきた急行列車は、脱線することなく現場を通過している。反対側の下り線は八十センチ弱破壊されていたので、そちらを通過したのであれば脱線したであろうが、状況は、計画的な破壊であることを示しており、満鉄職員も破壊にかかわったといわれている。

瀋陽(奉天)駅近くの張作霖爆死地付近

中尉が所属する第三中隊は爆破のとき、近くで夜間演習中であったが、直ちに現場に駆けつけている。

このとき中隊は近くの中国軍から射撃されたと主張しているが、射撃が事実であったかどうかは別にして、爆破が日本軍による謀略工作であり、これをきっかけにして日本軍が、張学良軍を駆逐して満州地域を制圧したことはほぼ疑いがない事実である。

東京の参謀本部は戦闘の拡大を抑えようとしたが、関東軍は一万人弱の兵力で十万人の張学良軍と戦闘

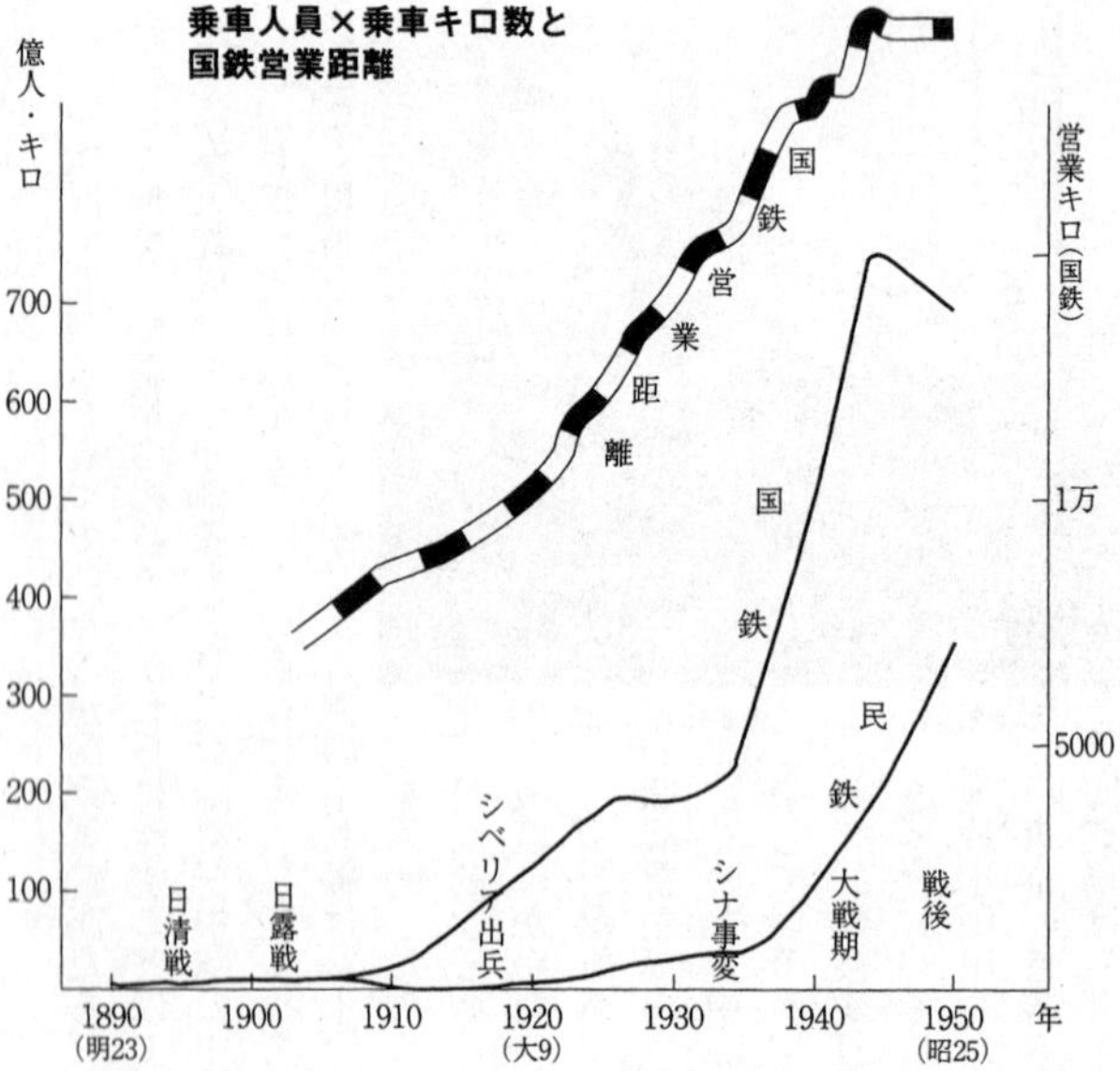

乗車人員×乗車キロ数と国鉄営業距離

を続け、線路沿いに北のハルピンからさらにチチハルまで進撃した。

さらに関東軍は、清国の最後の皇帝であった溥儀《ふぎ》を名目的な統治者にかつぎだして、翌年三月一日に満州国を建国している。この地方の支配権を実質的に失っていた蔣介石政権は、なりゆきを見守るだけであったが、共産党は利害関係があり、日本に抗議する行動をとっていて、国民党とも対立を深めた。

張学良の父の張作霖は、清朝崩壊後に地方軍閥としての覇権をかちとった一代目であったが、昭和三年六月四日に、やはり奉天に近いところで、関東軍の謀略により乗用列車を爆破されて死亡している。軍閥としての力を強め、日本の国策に沿わないとして、関東軍に嫌われたためであった。そのことを知っていた息子の学良は、関東軍に反抗的であったが、結局は北京滞在中に満州事変を起こされて政権基盤を失い、最後には蔣介石に軟禁されて、すべてを失ったのである。

このように鉄道は、戦争のときには本来の輸送機能により国家に貢献したほか、平時も相手国の鉄道を謀略の道具として使い、また戦時の破壊工作や爆撃などで敵の交通を妨害し、人々の不安をあおるマイナスの役割も果たすように利用された。

以下では、その両面についてはもちろんのこと、平時の建設と戦時への準備をふくめて、主として日本の鉄道と戦争・軍事とのかかわりあいを、ほぼ年代順に述べることとしよう。

なお、政治面や軍事運用を重視しているので鉄道マニアには物足りないかもしれないが、著者は鉄道専門家ではなく、別の観点から歴史を見ている。

第一章　鉄道がもつ軍事上の意味

鉄道の軍事利用の始まり

レールの上を機械的な動力により走る鉄道は、一八〇四年にイギリスのリチャード・トレビシックにより発明された。木製や石製の軌道上に車を走らせることは、ヨーロッパ各地で古くから行なわれていて、その歴史があったために、産業革命後のイギリスで、蒸気機関車による鉄道方式が急速に普及したのである。

鉄道が一般に利用されるようになったのは一八二五年であり、やはりイギリスで事業が始められている。事業開始はアメリカでは一八三〇年、ドイツで一八三五年であって、それほど古いことではなかった。

東洋では、イギリスの植民地であったインドで一八五三年に開業されたものがもっとも古い。

　この一八五三年は、アメリカのペリー艦隊が浦賀にやってきた年である。ペリーの黒船の威力を背景にした外交交渉により徳川幕府は、翌一八五四年三月三十一日に横浜で、日米和親条約を結んで開国せざるをえなくなった。このときのアメリカ側からの贈物のなかに模型の機関車があったのであり、その場で試運転がされている。

　その後、明治維新をへて日本で初めての鉄道営業が始められたのは一八七二年（明治五年）であって、線路の建設と運行の指導は、イギリス人が担当した。

1930年代のアメリカの鉄道

　人力車の客が、横浜から新橋に向かう列車が迫ってくるのを見てけしかけた。

「おい車屋、蒸気車と競走したらどうだい」

「酒手をはずんでもらえればやってみましょう」

「よしその調子！　その調子！」

　客は気勢を挙げていたが、上り坂にかかると列車に追いつかれた。

「うん、よくやった。そのうち車にも蒸気をつけてやらねばなるまい」

　自動車を知らない客は自分の思いつきを自慢し

ていたが、このころ小型蒸気機関付きの自動車は試験済みであり、ガソリンエンジンのものが研究されていたのである。

日本の鉄道は欧米に比べてほぼ四十年後《おく》れていたが、欧米ではこのころ、鉄道網が四通八達していた。特にドイツでは軍事輸送のための鉄道が発達していて、一八七〇年（明治三年）の普仏戦争のときプロシア軍（北ドイツ）は、最初の動員に鉄道を兵員の集中輸送に利用して勝利を得ている。また一八六五年に終わったアメリカの南北戦争でも、兵員の移動に鉄道輸送が利用されている。

日本の明治陸軍の大御所で総理大臣にもなった長州出身の山縣有朋は、普仏戦争直前のヨーロッパを巡遊しており、戦場での鉄道利用に一応の見識をもっていた。そのためもあって日本の鉄道建設は、陸軍の要求が優先的に配慮されるようになった。

普仏戦争での鉄道利用

普仏戦争までのドイツは、多くの王国、公国の連合体であった。そのなかでプロシア王国は、一世紀前のフリードリッヒ大王の時代から軍事力で他にぬきんでており、国土面積でも北ドイツのほとんどを占め、ドイツ全体の半分を占めていた。南ドイツに隣接し、北ドイツとも境界を接していたオーストリアは、プロシアよりもやや多い面積と人口をもっていたが、一八六六年六月にプロシアと戦い敗れていた。

現在のポツダム駅。普仏戦争では鉄道が活躍した

このときはプロシア軍が開戦前の一ヵ月間に、五条の鉄道を利用してエルツ山脈の北側に兵力を移動集結させ、一条の鉄道しか利用できなかったオーストリア軍よりも多くの兵を集結させて攻撃を開始している。オーストリア軍が十数万人の兵力を集結させていた時点で、プロシア軍は二十万人を集めていたのであり、優位に立っていた。この鉄道利用の経験が、つぎの普仏戦争時に役立っている。

とうじのプロシア首相は外交手腕に優れ鉄血宰相の異名で知られていたビスマルクであった。また軍事面でビスマルクを助けたのが、モルトケ参謀総長であった。

ビスマルクは、オーストリアやフランスから干渉されない形で全ドイツを統一し、ドイツ帝国にまとめる意図をもって行動していた。そのためオーストリアを敗北させた後に、攻撃目標にしたのがフランスであり、普仏戦争は、その結果起こった。

モルトケ参謀総長は早くから、鉄道が軍隊の移動に役立つことに着目しており、オーストリアを破った後にも鉄道建設に努力し、普仏戦争開戦時に使える国内鉄道を九条に増やしていた。そのために自身が鉄道会社の重役を兼務することまでしていたのである。鉄道は運行連絡のための通信線も保有しているので、輸送だけでなく通信連絡のためにも有用であった。

そのころの軍隊移動は、徒歩だと一日二十キロメートルがやっとであり、いっしょに移動する大砲や補給物資の輸送は馬車などに頼るため、戦闘準備ができるまでに時間がかかる。

しかし、鉄道だと積み込み積み下ろしの時間を入れても、移動時間そのものは五分の一かそこらですんでいた。停車場には、積み込み積み下ろしの設備も設けられていた。ただし積み下ろし後の倉庫設備が整っていなかったのと、そこから先の物資の馬車輸送の組織が不完全であったことが、戦闘中に問題になった。

また一列車が搭載できる重量は多くても四百トン、少なければ二百トンがせいぜいであり、一万五千人の一個師団が二百五十キロメートルの距離を移動するのに、五十列車近くが必要であった。そのため普仏戦争の初期動員時には列車が不足したので、一部の兵は徒歩移動により最初の集結行動をしている。列車の平均時速は二十五キロメートル前後であった。

普仏戦争は一八七〇年（明治三年）に起こった。フランスのプロシアへの宣戦布告は七月十九日であるが、動員は七月十五日に始まっていた。プロシア軍の動員開始は七月十六日である。プロシア側の第一線の兵力集結が終わったのは、八月三日であるが、そのときの兵力は三十八万人であった。相手のフランス軍の鉄道はプロシア軍の半分以下の四条であり、移動距離はプロシア軍より少なかったにもかかわらず、集結兵力は二十五万人に過ぎなかった。

フランス軍は鉄道の軍事利用でプロシア軍に劣っていただけでなく、徴兵制度もプロシアほどは徹底していなかった。たてまえは徴兵であっても、一定の納金をすれば徴兵を免除さ

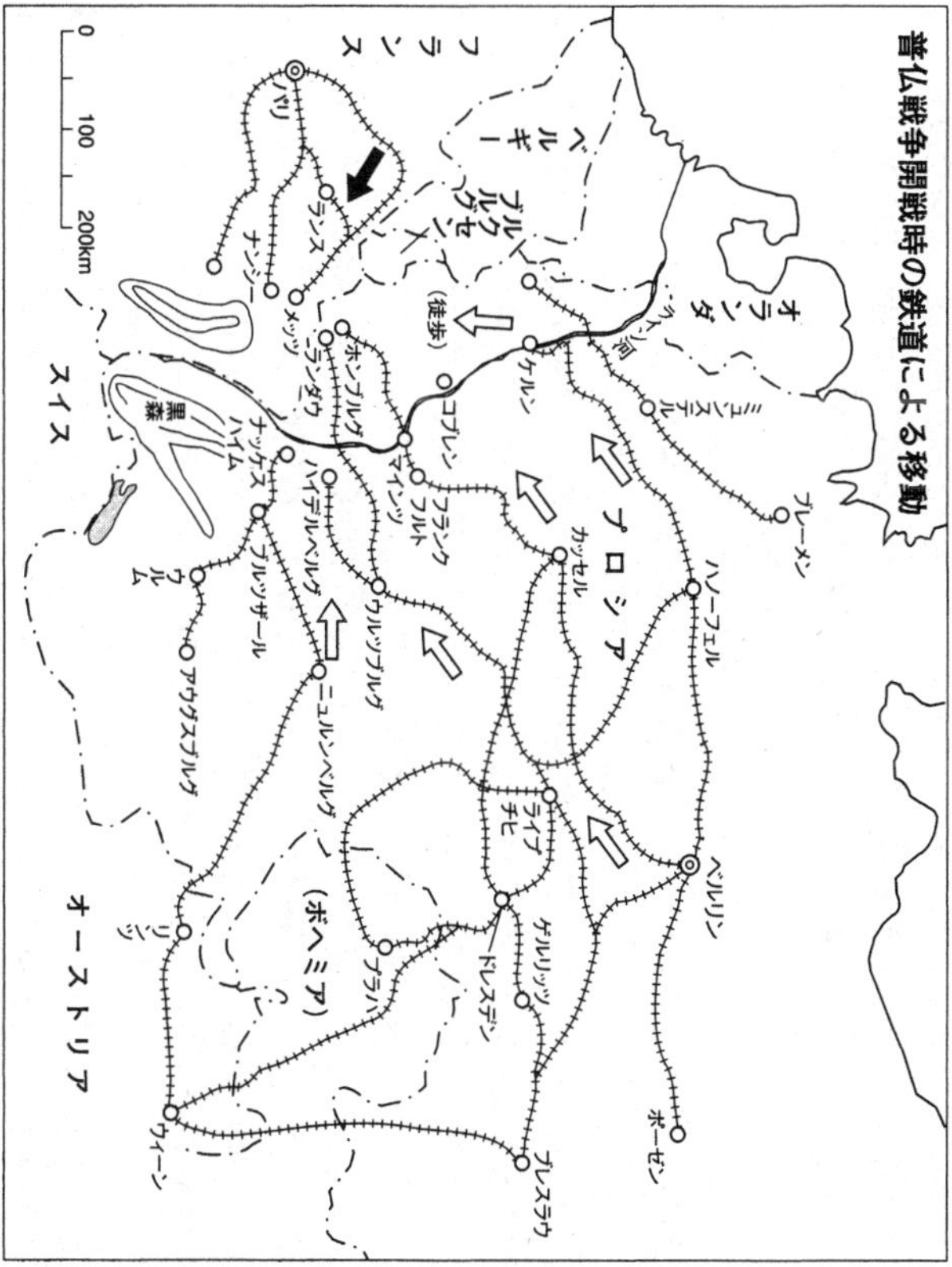

れるなど、徴兵免除の規定が多かった。そのため数が少ない現役兵は、おおくが国境付近の要塞に貼り付けられていて、軍隊移動の機動性に乏しかった。

　他方のプロシア軍は、鉄道を利用した予備役兵を含む大軍の移動により、フランス軍の予期しない場所からフランス領内に侵入して、つぎつぎにフランス軍の要塞を陥落させた。さらにフランス皇帝ナポレオン三世をセダン要塞に包囲して捕虜にした。

プロシア国王ウィルヘルム一世も陣頭指揮をしていたが、モルトケ参謀総長は部隊の最初の移動展開中は、首府ベルリンから動かなかった。そのほうが鉄道の電信による情報で、全体の状況をつかむことが容易であったからである。また後方にいることで、戦場の喧騒にまきこまれずに冷静に判断することができた。

緊迫した事態になれば、鉄道を利用して、後方から第一線に移動することも容易であり、モルトケは、鉄道と通信という新しい戦争の道具をうまく使ったのである。

フランス側は鉄道の利用を知らなかったわけではないが、一世紀前のナポレオン一世の時代の、大砲と騎馬を駆使する機動戦術の時代から抜け出していなかった。大砲そのものも、旧式のものが主体であってそのために敗れたのである。

フランスの鉄道は初期の兵力集結で威力を発揮することはなかったが、民間用としては発達していたので、その後の補給に役立っている。しかし、これを作戦のために統一的に利用する着意に欠けていて、宝の持ち腐れになったことが敗北のひとつの原因になった。

プロシア軍の緒戦は計画どおりに進行したので、参謀総長モルトケは、その後は前線に出て国王とともに行動した。戦場でも、モルトケは常に冷静であった。セダン要塞を包囲しつつあったときも、望遠鏡で敵陣を観察しながら、「うまく行っている、問題ない」と、つぶやいただけであったという。

参謀制度の下では、参謀本部は当面の目的と基本的な作戦の方針を示して、後は軍司令官、軍団長以下の判断に任せる。途中で特に問題があれば修正を指令するが、そのために必要な状況報告は、軍団に配置してある参謀から継続的に受けている。それゆえ、ほぼ計画どおりに作戦が進んでいるかぎり、本部長である参謀総長は居眠りしていてもよかった。

プロシア軍がフランスに侵入してからの段階はフランス領内での行動であるので、鉄道の利用は限られていた。もちろん国境まではプロシア領内の鉄道が、補給品の輸送のために活躍しており、その統制は別に、軍部に商務省を加えて組織した鉄道委員会が行なった。しかし国境近くで補給品を列車から下ろしてからの、フランス領内での輸送に問題があり、荷送りがうまくいかないという事実が残った。混雑をうまくさばく機構にも輸送手段にも、不完全なところがあったからである。

フランス側は、自国の鉄道を敵に利用されないように気をつけていた。そのため後退するときは、プロシア軍が鉄道を使用することがないように破壊し、列車は後方へ移動させてしまっていた。プロシア軍は補給のために別に軽便鉄道を敷設してみたが、あまりうまくいかなかった。それでも鉄道部隊を編成して、フランス内の鉄道破壊箇所の修理や列車の運行を試みることはしている。

モルトケ

そのようにプロシア軍にも問題はあったが、それでも参謀制度のおかげで、全軍を統一的に運用することができたことが、パリ陥落の最後の局面につながった。

戦争の早い段階でフランス皇帝ナポレオン三世が捕らえられたことで、フランスは統治者を失い第三共和制に移行した。いっぽうのプロシアは勝利の結果として、国王ウィルヘルム一世がドイツ全体の主権者になった。プロシア国王がドイツ帝国の皇帝の地位を兼ねたからであり、ビスマルクもドイツ帝国の首相になった。参謀総長モルトケ元帥もドイツ帝国の参謀総長になっている。

日本陸軍はやがて明治十八年に、ドイツ陸軍からモルトケ参謀総長の推薦で派遣されてきたメッケル参謀少佐に、ドイツ式の戦略戦術を教わるのであり、日清・日露の戦争は、ドイツ式で戦われた。その運用法のなかにはもちろん、鉄道の軍事利用法も入っていた。

日本の鉄道の軍事利用

日本の参謀本部は明治二十年に、「鉄道論」を天皇に上奏している。とうじはメッケルの意見により、軍事制度の改革が進んでいたのであり、その一環であったと考えられる。また朝鮮半島の覇権をめぐる清国との関係が悪化しつつあったので、日清開戦時への配慮もあったと思われる。

「鉄道論」が説くポイントは二つある。まず、鉄道は戦時輸送に配慮してルートを決めなければならないということである。二番目に、単線の鉄道は軍事輸送に不適当ということである。さらに補足的に、軍用列車は広軌で機関車の馬力が強く、客車部分も兵士の個人用装備品など多くのものを積み込むことができるような構造になっていることが必要だとしている。

とうじ東海道線は、早い完成をめざして主として太平洋岸沿いに、敷設工事が進められていた。明治二十年、新橋から国府津《こうづ》まで延長され、翌年、浜松から西がつながり、最後に残されていた国府津から浜松間が御殿場経由でつながって、新橋から神戸までが全通したのは、明治二十二年の七月であった。

東京と大阪をつなぐ鉄道はもともと、日本に鉄道網を設けることが計画されたときに、群馬県の高崎をへて碓氷《うすい》峠を越え、旧中山道《なかせんどう》のルートで関ヶ原を通過して京、大阪にいたるものとして、予定されていた。

伊藤博文

しかし新橋、横浜間にはじめて鉄道を建設したとうじの鉄道頭井上勝（後に鉄道局長、鉄道局長官）が、中山道ルートでは経費がかかりすぎるので、財政事情から建設は不可能という判断をした。そこで井上は、明治十九年に伊藤博文総理大臣に訴えて、ルートを、中山道から東海道に変更してもらおうとした。

この場合に、もっとも変更に反対すると予想されたのが参謀本部長から内務大臣に転じていた山縣有朋陸軍中将であったが、伊藤が説得を引き受けた。

井上勝は伊藤博文や井上馨たちとともに、幕末に長州藩の命令でイギリスに密留学し、鉱山学を学んで明治元年に帰国した。鉱山では鉄道を輸送用に使っていたので、鉄道についての知識があり、貴重な人材であって一生を鉄道に捧げた。そのような仲間の訴えであるので、伊藤ももっともと思い、同じ長州閥の山縣を説得することにしたのである。

明治二十年代の日本では、清国との緊張を背景にして陸海軍の軍備増強が急がれ、動員時の輸送のためと、清国軍が日本列島に上陸してきたときの軍隊移動に備えて、本州を縦貫する鉄道の敷設を急いでいた。最初の計画どおりに木曽路を通る鉄道にすると、トンネル工事などで大きな費用がかかる。

財政難であったこのとうじは、年間一、二隻の割合で取得する一隻あたり百五十万円から二百万円の中型艦でさえ、公債を発行して費用をまかなわねばならない状況であった。軍備強化が急がれているときであるのに財源に限りがあるので、軍艦の建造さえそのように制限されているなかで、山縣がいうような理想的な鉄道網の建設にこだわるわけにはいかなかった。

費用を抑えなければならないのは、鉄道も軍も同じである。鉄道建設は財源がないために行き詰まっていたが、明治十六年末に二千万円の中山道鉄道公債の発行が認められて、建設費を調達する見込みがついた。そのときの、井上勝の喜びようは、ひととおりではなかった。

しかし中山道線の関連の工事として、日本海の直江津《なおえつ》から軽井沢までの現在の信越線の工事に着手してみると、山岳地帯での工事の困難さがあらためて分かってきた。中部山岳地帯をぬけることになる中山道線は、予備的な測量をした結果、トンネル工事などに費用がかかりすぎることがわかり、予算不足になることがはっきりしたのである。

この信越線は、軽井沢寄りが中山道線として使われる計画になっていた。そこでもし中山道線の建設を止めると、信越線の計画にも影響が出るのではないかと思う人もいるだろう。

山岳地帯での工事が困難だった木曽山中を通る鉄道

だがこの線は、東京と日本海を結ぶ最初からの計画線であったので、中山道線の予定が変更されて東海道線の敷設に切り替えられてからも工事が続けられた。

この線の難所である碓氷峠にはトンネルを掘ることをせず、急勾配をアプト式という歯車をつけた特別の機関車で登ることでしのぎ、明治二十六年に直江津と高崎間が開通して日清戦争にまにあっている。これに連接する高崎から上野までの線は、日本鉄道会社という政府資金も出ている民間会社が、すでに建設運営していた。

内閣直属の井上鉄道局長官は、いわば上司にあたる伊藤首相に、経路変更についてつぎのように直談判をした。

「伊藤さん、まことに申し訳ないが、参謀本部が要求する中山道の鉄道建設は、予定の費用ではできないことがはっきりした。技師たちに測量をさせたところ、思いのほか難所が多く、トンネル一つ造るにも、計画の倍以上の日にちと費用がかかる」

「うむ、それでどうすればよい」

「横浜から国府津の海岸に出て、箱根は避けて北側の御殿場を通り、駿府《すんぷ》から豊橋、名古屋、大垣と、東海道沿いに建設すれば、費用が安上がりになるだけでなく、工事も、明治二十二年内には終わるだろう。また、東京と上方との交通時間が汽船の四分の一に短縮され、運賃も安くなることをうけあう」

「しかし山縣が、納得するだろうか。敵艦から攻撃される恐れがある海岸に近いところを通さないことが、かれの、前からの主張だからのう」

「私がいってもきかないだろう。そこを伊藤さんからうまく説得してもらいたいのだが」

伊藤は如才がなく、長州藩の同輩であった気難しい山縣とも対等の口がきける。井上勝は、長州藩での家格がかれらよりも高かったが、そのことは、今は無価値である。井上は家格が高かったので、若くして同族の井上馨とともに長州藩のイギリス留学組に選ばれ、勉学の機会をつかんでいる。しかし帰国が明治元年であり、年齢も山縣より五歳、伊藤より二歳下であったうえに明治維新での格別の活躍実績がなかったために、山縣とは距離があった。そこで親しい伊藤に山縣説得を頼んだのである。

財源問題は政府全体の問題であり、内務大臣である山縣も責任を負っている。鉄道建設の緊急性のことを考えると、山縣も主張を引っ込めざるをえなかった。ただ山縣が参謀本部長であったときに積極的に陸軍に導入したプロシア流では、軍用鉄道を海岸ぞいに走らせることはしないのであり、この決定後も参謀本部内では、長らく東海道線反対論がくすぶっていた。これは民間会社に建設させつつあった山陽線についても、同じであった。

参謀本部は天皇への上奏文書「鉄道論」で、東海道線や山陽線が敵艦から攻撃される可能性を主張しただけでなく、敵艦から上陸した工作員による鉄道破壊工作の恐れがあることや、その対策としての警備に兵力が割かれることを難点として主張し続けた。明治十九年の夏、清国の大型艦四隻が、日本に寄港して示威ともとれる行動をしていたのだからむりもない。

山縣は幕末の下関海峡での外国艦隊との攘夷戦に奇兵隊軍監として加わり、上陸してきた英仏兵たちと戦って敗退した経験をもっていた。そのため海岸近くの施設が弱点をもっていることは骨身にしみて分かっている。それでも最後には、政治家としての妥協をしたのである。伊藤も攘夷戦のとき、留学先から井上馨とともに急いで帰国し、長州藩とイギリス艦の和平のなかだちをしているので、清国艦に脅威を感じていなかったわけではない。しかし財政的な事情が先行した。

山縣有朋

こうして中山道線は、建設が東海道線に変更され、明治二十二年七月に全通した。

神戸まで届いた東海道線はさらに西に延長しなければ、経済活動の上でも軍事用としても中途半端になる。このときに先立って鉄道が日本に定着しはじめていた明治十四年に岩倉具視が中心になって、政府が本州縦貫鉄道の整備を推進することが決められているが、財源は広く一般にも求めることになった。その結果、東海道線だけは官設になったものの、山陽線や東北線は、財源の関係から官設にすることができなかった。

東北線は明治十四年に設立された日本鉄道会社が上野、高崎間に建設した高崎線の途中分岐のかたちで建設され、第十五国立銀行経由の政府資金も入ったが、山陽線の建設は、明治二十一年に萩出身の政商藤田伝三郎たちが出資し設立した山陽鉄道会社の手によりなされたので、政府の鉄道局が細かい関与をすることはできなかった。

民間建設だと利益を第一にするので、山陽線は工事が難しい山間部よりも、海岸近くに線路を敷くことが多くなった。そのため参謀本部は不満であった。もっとも瀬戸内海の入り口には、明治二十年から要塞砲の設置工事がはじめられていたのであり、参謀本部が無策であったわけではない。ほかに、山縣が動く砲台部隊としか見ていなかった日本海軍も、日清戦争時までに軍備を整えていた。

日清戦争では、この海軍の艦隊が黄海海戦で清国主力艦を撃破したために、結果的に日本の鉄道が艦砲射撃を受けることはなかった。参謀本部の心配は、杞憂に終わったのである。

山陽線は明治二十四年に尾道《おのみち》まで開通し、明治二十七年六月十日に広島まで開通した。その直後に日清戦争がはじまったのであるが、東北線も上野、青森間が明治二十四年に開通していたので、鉄道は戦時に、本州を縦貫した形で行なう軍隊や補給物資の輸送に役立った。

ただ日清戦争開戦時には、広島停車場から海への玄関口であった宇品《うじな》港までの市内線がなか

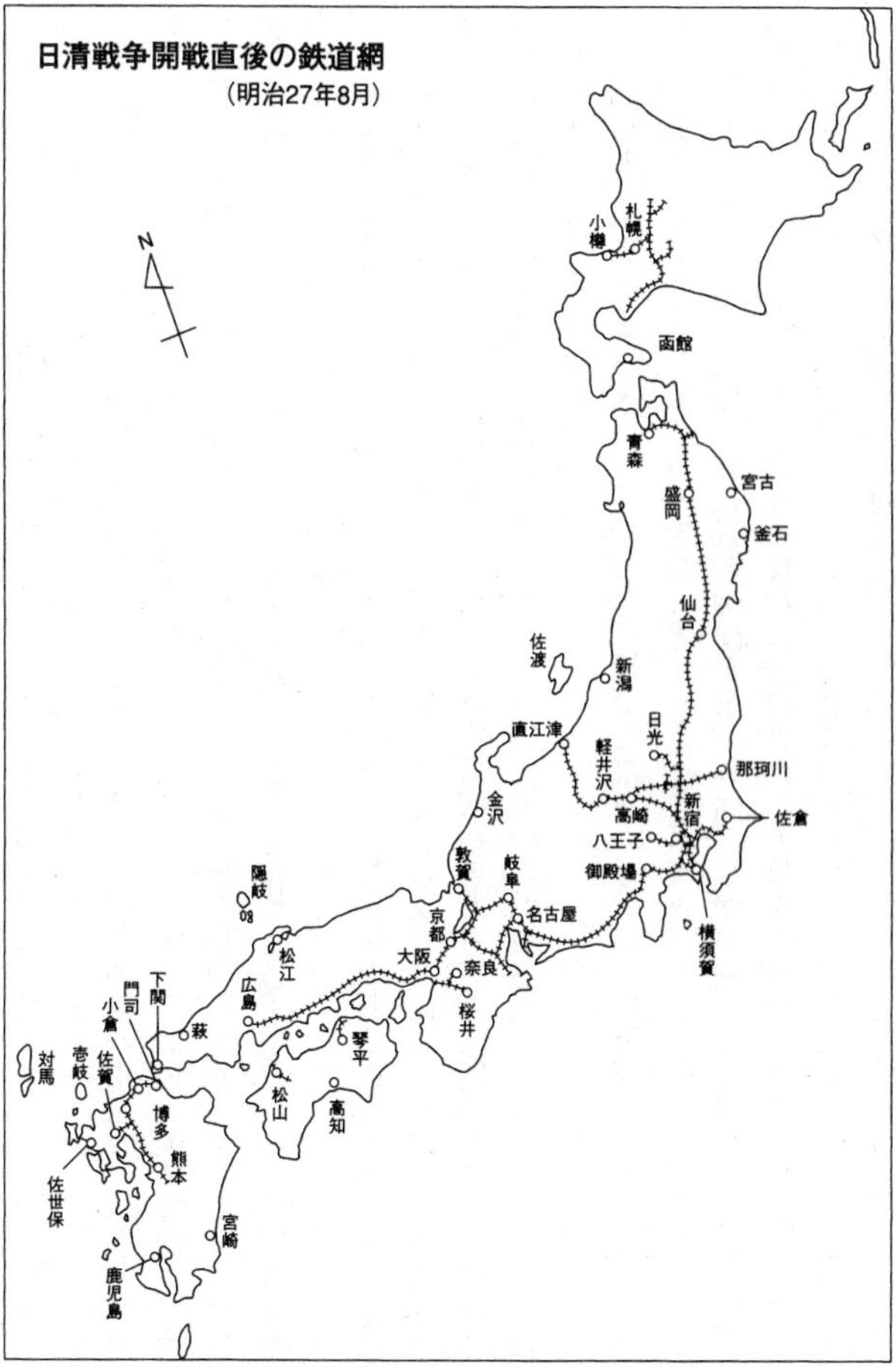

日清戦争開戦直後の鉄道網
（明治27年8月）

ったため、陸軍がにわかに用地買収をして、仮設の軍用線を建設している。こうして本州からの出征兵士の多くは、宇品港から乗船して戦地に向かった。

通信線は鉄道よりも延伸が早く、この当時は長崎まで有線の通信ができた。しかし海上の交信ができる無線電信は、まだ実用化されていなかった。九州から対馬《つしま》を経て釜山、ソウルと連絡できる海底電線は不完全ながら利用できたが、朝鮮半島内の信頼性が低いため、日清戦争中は、海上連絡の任務を与えられた通信船が別に釜山に配置され、内地や朝鮮半島の中・北部の日本軍との連絡にあたっていた。

そのような通信状況であったため、日清戦争開戦一ヵ月半後の明治二十七年九月中旬に、大元帥である天皇の司令部の大本営を、第一線への連絡に便利な山陽線の終点である広島に移転することになった。九月十五日に、天皇は広島城跡にある第五師団司令部の御座所に到着されている。この第五師団は、開戦前からソウル方面に派遣されていて留守であり、最初に清国軍と交戦した部隊になった。

皇后もお見送りの中を天皇は、新橋停車場でご乗車の後、名古屋と神戸でそれぞれ一泊されての移動であった。移動の模様を描くと、つぎのようである。

新橋停車場付近の道路の両側に近衛師団と第一師団の兵が整列して天皇のお馬車の列を待ち受けている。やがて馬上の警部と騎兵に先導され、天皇旗を掲げた旗手に続いて、天皇のお馬車が近づいてきた。陪乗しているのは侍従長である。皇后、参謀総長の馬車ほか八両の馬車が続き、後衛の騎兵たちも見える。

「かしら―右」の号令と同時に、軍楽隊の君が代の吹奏がはじまった。そのなかを天皇は、お馬車をおりられ、停車場長の先導で菊の御紋章付きの鉄道御料車に乗り移られた。徳大寺侍従長と大山陸軍大臣が陪乗している。後方の供奉車には、侍従や警衛の将校たちも乗車した。

大臣高官が居並ぶ中を七時二十五分、御料車が発車する。ふたたび君が代が吹奏される。万歳の声が沸き起こった。

参謀総長以下の大本営メンバーはその後、三本の大本営列車で後続移動している。大本営には、陸海軍の佐官以上だけでも三十三名も服務しているので大世帯である。ほかに尉官、下士官、馬丁《ばてい》のような下級者や馬も移動しなければならないので、列車三本が必要であった。最初の大本営列車が発車したのは、十時五分であった。

御料車が最初の宿泊地名古屋に到着したのは、夕方の六時四十分であった。さらに神戸一泊をへて広島到着は、九月十五日の夕方六時四十分であった。途中の停車場でもやや簡単ではあるが、最初と同じような送迎が行なわれた。通過するだけの各停車場や沿線にも、「祈大勝利」「聖寿万歳」などと書かれた幟《のぼり》を持って、多くの人が送迎にあたっていた。

日清戦争に備える鉄道利用の演習

日清戦争のときに清国軍が上陸してくると予想されるのは、鎌倉時代に元軍が侵攻してきた博多湾のほか、和歌山方面、名古屋方面、駿河《するが》湾、相模湾、九十九里浜方面などである。

明治二十年の早春、名古屋方面に敵が上陸してきたという想定で、陸海軍統合の演習が行なわれた。このときは神戸から名古屋をへて知多《ちた》半島の武豊《たけとよ》まで鉄道が利用できるようになっていたので、そのことを考慮した演習構成が行なわれたようである。なお、この線の途中の琵琶湖沿岸から北の敦賀に抜ける線のトンネル工事も終わりに近づいていた。

この演習に先立って天皇は皇后とともに、一月末に横浜から軍艦「浪速」に乗艦され、二日目の午後に神戸に到着されて、列車で京都御所に移動されていた。東海道線ができる前であり、軍艦を利用されたのである。

二月中旬、天皇は、大阪で各聯隊その他軍事施設を視察された後、十六日に旅団の攻撃演習を視察されている。大阪方面に敵が上陸してきたときのことを頭においての演習であったと思われる。

二月二十一日に京都御所を出発された天皇、皇后は、列車で名古屋に移動された。ただし、大津、長浜間は琵琶湖上の汽船連絡になっており、木曽川では仮橋を徒歩で渡られた。鉄道橋が完成直前であり、大事をとってのことであった。天皇は翌々日に名古屋を列車で出発されて、知多半島武豊の海陸を一望できる長尾山で、陸海軍統合の上陸対抗演習をご覧になった。参謀本部長の有栖川宮熾仁《たるひと》親王が随従していた。

「情報によりますと、敵艦隊四隻が前方渥美湾に侵入し、武豊付近への上陸軍を送り込もうとしているようすにございます。これに対して歩兵第六聯隊を基幹といたします混成支隊が、海岸付近に防御陣地を構築しております」

「艦隊を砲撃することはしないのか」

「半島先端付近に配備しております海岸砲隊が射撃をいたしましたが、力及ばず、退却いたしました」

篠島から知多半島を望む。右奥に見えるのは日間賀島

「あれに見える小蒸気船に曳かれてやってきておりますのが、敵艦隊から発進致しました陸戦隊の端艇でございます。全部で二十四艘おります」

「うむ、接近してきたのう。そろそろ撃ってもよいのではないか」

　そのとき、防御軍が一斉に空砲射撃を始めた。大砲の音も混じっている。相手の陸戦隊も応射している。陸戦隊は上陸場所を求めてしばらく右往左往していたが、ついに上陸を諦《あきら》めて艦隊のほうに引き返した。

　こうして演習は無事に終わり、両陛下は武豊港から浪速艦に乗艦され、翌日、横浜港経由で新橋停車場に帰着された。

　この演習結果を参考にして、明治二十二年一月に陸海軍連合大演習条例が制定された。さらに明治二十二年七月に東海道線が、湖上連絡ではなく琵琶湖東岸を走る部分を含んで全通したのを受けて、翌明治二十三年三月から四月にかけての本格的な陸海軍統合の演習が、知多半島方面で行なわれた。シナリオが、清国軍との戦闘を予想したものであったことはその経過から見てまちがいない。

この明治二十三年の演習では、侵入軍を西軍とし防御の日本軍を東軍として、大阪の第四師団に近衛兵の半数をつけたものを西軍に編成し、名古屋の第三師団に近衛兵の他の半数をつけたものを東軍に編成した。

東軍の海軍としては、鳥羽《とば》湾に水雷艇四隻とその司令艦を配置し、六隻で演習艦隊を編成して行動した。とうじの日本海軍の勢力を反映して、弱小の艦隊である。

西軍艦隊は、常備艦隊の主力艦六隻と上陸軍を輸送する運送船三隻に護送艦三隻を付けたものであった。西軍の運送船に乗って知多半島に上陸するのは、乃木少将が指揮する近衛兵一個聯隊強である。

演習の想定として、西軍は九州北部に上陸を試みた後に、和歌山方面に一部が上陸、大島と下田にも一部が上陸、清水では鉄道破壊行動をしたことになっていた。また和歌山上陸部隊は、大阪から京都方面を経由して名古屋方面に向かおうとしていることになっていた。

実際の西軍演習部隊主力は、岐阜、大垣の線に進出していて、知多半島に上陸する乃木軍と呼応し、東軍の演習部隊を名古屋付近で挟み撃ちにする計画である。

三月三十日、天皇は名古屋から列車で武豊に移動された後、武豊港から軍艦八重山にご乗艦になった。明治二十年のときは視察の形であったが、今度は演習全体の統監として、進行をつかさどられる。

西軍の艦隊は、この日の午前中に志摩半島の的矢《まとや》湾を出て、知多湾の奥深くに侵入し、陸軍部隊を上陸させようと計画していた。やがて知多湾入り口に近い神島付近で、東西両艦隊の小規模な戦闘が行なわれ、東軍の水雷艇も戦闘に加わったが、劣勢であるのでどうにもならず、東軍は鳥羽湾に退いた。

明治23年3月30日の演習で東軍が退いた鳥羽湾

天皇は艦上で交戦状況をご覧になった後、夕刻、武豊に上陸され、付近の海上では海軍の夜間戦闘が行なわれた。

その間に西軍の上陸部隊は武豊に上陸し、いよいよ陸戦が始まった。西軍艦隊は上陸部隊の戦闘を艦砲射撃で支援する。

三十一日は早朝から春の嵐が吹き荒れ、雨も強く降ったが、戦闘は続き、天皇は半田を乗馬で駆け回って演習の統裁をされた。天皇のその姿を見た兵士たちは、

「のう、天子様が雨の中をあのように走り回っていらっしゃる」

「わしらも敵をやっつけるためには雨風なぞに、構ってはおられんのう」

と語り合っていた。

天皇はその後いったん列車で名古屋に帰られた後、翌日は名古屋から刈谷まで列車で移動され、ふたたび乗馬で付近の戦況をご

覧のうえ統裁を続けられた。

この大演習が終わったのは二日の午後二時過ぎである。四月に演習後の観兵式が行なわれた後に、東京から皇后も列車で名古屋に到着された。

その後、両陛下は京都御所に移動されたが五月七日に東海道線で名古屋停車場を朝の七時にご出発、夕方五時五分に新橋停車場にご到着になった。天皇は戦時の列車の利用を、このような形で自ら体験されたのである。

日清戦争時の鉄道網

日清戦争開戦時に青森から広島までの本州縦貫鉄道が完成していたことは、前に述べた。だが鉄道は、軍事利用のためだけに、つくられたのではないことはもちろんである。明治二年に政府内で鉄道や通信の整備論議が起こったとき、軍事利用を強調する意見はなかった。鉄道建設を推進した民部・大蔵大輔の大隈重信は、鉄道建設の技師である英人のモルレと話をしたが、軍事利用の話はなかった。モルレは、大隈に問うた。

「本国からの資材が到着しだい工事を始めたいと思いますが、ゲージをいくつにするおつもりですか」

「ゲージとは何ですか」

「車輪の左右の幅のことで、線路を敷くときその幅で敷いていかなければならないのです。

幅が広いと車内をゆったりと広くすることができます。鉱山用の鉄道は、狭いものが多いのです」

「幅を広く取ると、価格が高くなるのではないですか」

「その通りです。トンネルや橋を造るときも、大きなものを造らねばならなくなります」

大隈の頭の中には、列車で大砲などの重いものを輸送する考えはない。文明開化の象徴として、とりあえず新橋と開港地横浜を結ぶ鉄道を建設することだけを考えていた。そのためには、財政難の折から、安上がりのものを選ぶに越したことはない。

「日本は狭いし贅沢をする必要もあるまい。狭いゲージでお願いしたい」

こうして三フィート六インチ（百六・七センチ）の狭軌で日本の鉄道が建設されることになった。

この話の相手は大隈ではなかったともいうが、普仏戦争の前であり、肝心の陸軍はまだ、鉄道が軍用として有用であることを認識していなかった。だが、プロシア式が日本陸軍に入ってきてまもない明治二十年ころには、戦時の大量輸送のためには広軌にすることが望ましいという意見が、参謀本部の「鉄道論」にも見られるようになった。

しかしその頃には、トンネルや橋が狭軌の規格で多数建設されていて、改造するのに費用がかかる。結局、満鉄など外地のものと、私鉄の一部や軽便鉄道を除き、日本の鉄道は、三フィート六インチで統一されてしまった。

明治二年とうじ、長州出身の兵部大輔前原一誠などは、鉄道建設に無駄な費用を使うぐらいなら、軍艦建造に費用を回すべきだとまで論じていた。国内輸送は汽船で十分だと考えていたのであり、軍用としての鉄道の価値を、まだ理解していなかったのである。前原にとって鉄道は、贅沢品に過ぎなかった。

前原は長州藩で海軍総督をしたことがあり、明治政府の海軍建設にも熱心であったが、おかしなことに文明開化の象徴である鉄道や通信に嫌悪感をもっていて、伊藤博文など文明開化論者とは、そりが合わないところがあった。そのため政府を去り、後に萩で乱を起こして処刑されている。

鉄道は明治三年三月から工事がはじまり、日本で初めて汐留（新橋）、横浜間にレールが敷かれた。この鉄道は民部省担当（三年十月に新設の工部省が担当）で建設されたが、イギリス人が設計して工事を監督し、機関車もレールもイギリス製であった。

イギリスの鉄道は、軍用の性格が薄い。イギリスはプロシアとちがって島国であるので、陸軍よりも海軍の勢力が強かった。そのことが、鉄道を兵力移動に利用するという発想が出てこなかった一つの理由であろう。それに、まもなく鉄道頭に就任した井上勝が、前述のとおりイギリスで鉱山用の鉄道を学んできているので、鉄道の軍事利用についての認識が薄かった。

そのような理由から日本の鉄道は、最初は軍事色が薄かったのである。最初の鉄道建設を大隈とともに推進した伊藤博文工部大輔は、イギリス関係の外債による建設費用の捻出に努めているものの、軍事利用を考えていたという記録は見当たらない。

そのようななかで明治初期の陸海軍は、鉄道の軍事上の価値についての認識をもたず、横浜への鉄道敷設に必要な用地の取得についても非協力的であった。特に新橋近くの海岸付近に用地を持っている海軍は、現在使用していない場所でも、将来の使用予定があると主張して工部省に土地を譲ろうとしなかった。それでも最後には、一部を提供している。

この軍用地から先の品川方面は、海中に土堤を築き、その上を列車が走る海中列車になったが、海岸が狭く家が立ち並んでいたためにそのような形になったのであり、漁業権の問題もからんで工部省は、土地の取得に苦労している。鉄道建設の初期には、鉄道の軍事利用問題がなかったいっぽうで、工事に非協力の態度を示す陸海軍を説得する苦労があった。

しかし、山縣有朋が明治十一年に参謀本部長に就任し、プロシア式を導入しはじめたときから、陸軍は鉄道についても、陸軍の軍事利用を強く主張するようになったといえよう。

山縣は参謀本部長に就任後、東京湾入り口を大砲で守る要塞建築に乗り出しており、そのころ国外に攻めて行くことは念頭になく、今様にいうと専守防衛を考えていた。

軍艦も、要塞の大砲が射撃できない遠距離の敵艦を打ち払うための動く要塞だと考えていたのであり、山縣だけでなく陸軍の首脳部のほとんどがそう考えていた。そのためにイギリスと同じような島国でありながら、外国軍が日本のどこかに侵入したときに、船ではなく鉄道を使ってそこに防御兵力を集結することを構想していたといえよう。もちろんとうじは、外征軍を派遣するようなことは考えていない。

山縣はその目的で明治十七年に、鉄道敷設にあたり鉄道局が陸軍と路線などについて協議すべきことを、太政官に願い出て、そのように指令してもらうことに成功した。薩摩出身の川村純義のような純粋の海軍軍人たちは、陸軍が海軍や鉄道を自分の傘下におこうとするそのような考えに反発していたが、弱体な海軍はまだ、陸軍に対抗することができなかった。鉄道局の政治的地位は海軍よりももっと低いので、これまた陸軍に対抗することはできない。

明治の初めに各地に兵営がつくられたとき、これら兵営は、鎮台または鎮台の分営と呼ばれた。その地方を、鎮《しず》めるという意味である。なお海軍の鎮守府も同じ意味をもっていた。

そのような鎮台の性格上、兵営数が増えてからも全国に分散しており、もしある地方に外国の軍隊が上陸してきたときは、とりあえずはその地方の鎮台が対処し、必要に応じて他地方から兵力を移動させて対応する考えが基本にあった。縦貫鉄道はその意味で大切であり、外国の艦砲の口径三十二センチ砲がもつ射程、三キロメートルの到達範囲外にレールを敷設することが、陸軍の最小限の要求であった。

とうじの政治家は、軍人ではなくても多くが明治維新の戦いを経験していて、陸軍のそのような要求を理解することができた。だが中山道経由の縦貫鉄道の陸軍の要求が、費用の関係で東海道経由に変更されたことに見られるように、経済的にどうにもならない状況が存在した。

明治十年に西郷隆盛一派が西南の役と呼ばれる反乱事件を起こしたが、政府はそのときの戦費の償還に苦しんだ。財政難の政府は、やむなく陸軍軍人の俸給を半減したため、明治十一年の夏、天皇のお膝元の近衛砲兵がこれに反発して反乱を起こした事件もあったので、うっかりしたことはできなかった。

　そこでやむをえず、鉄道の敷設も官営事業は最小限にとどめ、できるかぎり民間の資金を利用しようとしたのである。しかし、山陽線のように完全な民間事業だと、会社は海岸に近いところにレールを敷設して、安上がりに建設しようとする。山陽鉄道会社の資本金が一千三百万円であり、東海道線の建設費より少ないのだからしかたがない。トンネルを掘ると工費が何倍にも跳ねあがるのだから、できるだけ海岸に近く工事が容易で、地価が安いところを選ぶのが人情であろう。

山口県の田布施駅。反対運動で山の中を通った

　日清戦争後であるが、柳井から徳山を結ぶ線の工事をしたときは、めずらしく海岸線を選ばず、田布施《たぶせ》の山の中をトンネルで、直線で抜けるようにした。

「室積《むろづみ》の港の近くを蒸気車が通るというが、どんなものかのう」

「船で商売をしているわしらとしては、承服できん。お客を取られてしまう恐れがある」

「それに蒸気車が、石炭の火の粉を撒《ま》き散らすので火事が起こることもあるというからのう」

　こうして、最初の線路予定地に反対運動が起こり、やむをえずトンネルを掘ることになった。田布施は、鉄道省育ちで後に総理大臣になった佐藤栄作の故郷である。子供のころなじんだ鉄道が、かれを鉄道省への就職に向かわせたのであろうか。

民間会社は、途中で会社の資金が尽きて工事が中断することもあった。特に明治二十三年の恐慌の影響は大きかった。そのため山陽鉄道会社の最初の社長に就任していた福沢諭吉の甥、中上川彦次郎は、経営方針をめぐって藤田たち大株主と対立して社長を退任している。創業者の政商藤田伝三郎は維新の元勲の一人の井上馨と親しかった。井上馨は毛利公爵家の影の財務担当者でもあり、長州閥外の中上川とはそりが合わないところがあったのであろう。

官設の東海道線が三年ばかりで工事が終わったのに対して、このような多くの問題が出てきた山陽線は、神戸から広島まで到達するのに五年もかかっている。さらに下関まで全通したのは明治三十四年であり、着工から十二年後であった。それも日露戦争が迫ってきたために、政府から資金面で優遇され、その見返りのように下関付近では、線路を海岸から離れたところを通すなどして陸軍から尻を叩かれてのことであった。

日清戦争時には本州縦貫線が軍事輸送に役立ったが、輸送を円滑にするためにいくつかの改善をしている。箱根山を越えるために北を迂回していたとうじの東海道線、現在の御殿場線は、勾配が急で走行に時間がかかっていた。

大和田健樹作詞の鉄道唱歌に、「はるかにみえし富士の嶺は　はや我そばに来りたり」とあるが、富士に近い御殿場付近の標高は、約四百メートルである。まだトンネルができていないので、線路の最高点はもっと高い。そこを登り降りするのは楽ではない。機関車は、シュッポシュッポと、あえぎながら重い軍需品を牽引して上っていく。

この区間の輸送能力を高めるための上りと下りを同時に運行できる複線化が、明治二十四年に終わった。東海道線は日清戦争後に少しずつ複線化が進行するが、御殿場付近では複線化が、日清戦争に間に合うように行なわれていたのである。

日清開戦後に宇品線が急いで敷設されたことは前述のとおりだが、品川と横浜付近でも改良工事が行なわれた。現在でもそうだが、山手線は大崎と品川のあいだで大きくカーブして、東京方面に行くのに南に進行していたのが北に向きを変える形になる。さらに品川に入った後に、品川駅で横浜に進む東海道線に乗り換えると、進行方向が前後逆になる。この線は、とうじは環状線の山手線ではなく、品川から右外回りに渋谷方面に進むと、新宿からさらに北に進み、そのまま高崎や青森に通じている民間の日本鉄道の路線であった。

しかし、戦時の縦貫鉄道としての運用をするときは、北のほうから品川に入った後に、神戸の方角に向かってそのまま東海道線に乗り入れることが多いだろう。その場合は品川で、機関車を列車の前から後ろに付け替えなければならない。

戦時輸送としてはそれだけむだな時間がかかることになるので、大崎からそのままの形で横浜の方向に進み、東海道線に乗り入れることができるように、品川を経由しない線を別に陸軍が敷設することになった。開戦後に造られたこの線は品川西南線と呼ばれ、後に鉄道庁のものになった。

また横浜でも、左にカーブをして横浜（現桜木町）に到着した後に、神戸方向に進むためには前後を逆にする必要があったので、その必要がないように、横浜を経由しない保土ヶ谷への直通線を造ることになった。これも軍専用として陸軍予算で特別に造られ、開戦後の明治二十七年末に完成したのであるが、戦後に鉄道庁に移管されている。

本州縦貫線の途中に、左右に分岐するいくつかの線を設けることは、早い時期から計画されていた。高崎、直江津《なおえつ》間を結ぶ線と、前に述べた知多《ちた》半島の武豊から琵琶湖東岸を経由し敦賀《つるが》（金ヶ崎）にいたる日本海への連絡線、それに横須賀軍港への横須賀線は官営であるが、他は日本鉄道などの民営線であった。宮城県の塩釜に出る線、日光線、東京周辺の青梅や八王子への線、近畿の奈良や堺への線などが日清戦争までに民設整備されていて、軍事輸送に役立っている。

高崎線や日光線は、いざという場合に外国軍が太平洋側から侵入してきたときの陸軍の、東京からの後退防衛ラインの確保のために利用することも考えられていたのではないかと思われる。宇都宮方面での、陸軍の大演習が何度も行なわれており、後に造られた皇室の那須の御用邸は、そのようなときの皇族避難所にもなりうる位置にあったからである。

現在の東京環状線内にはそのころ、陸軍の工廠や青山練兵場、近衛や第一師団の兵営など多くの軍事施設があり、現在の中央線信濃町を終点とする甲武鉄道が、これらの軍事施設との関連で軍用列車の運用をした。青山練兵場には特に停車場施設を設けている。この線は日清戦争が終わるころ、飯田町（飯田橋付近）まで延長されている。

北海道や四国でも部分的に民営線が敷設されていたが、特に日清戦争に役立ったのは、九州北部の民営線であった。

開戦時までに敷設されていた九州民営線の多くは、もともと筑豊や大牟田の石炭輸送のために設けられたものであったが、門司、若松、博多といった港湾と連絡していたので、出征兵士を港湾まで輸送するのに役立った。特に熊本の第六師団を、小倉や門司に集結させるために九州鉄道が活躍している。

またとうじの軍艦は石炭を燃料にしていたので、良質な石炭を産出する北九州の炭鉱の一部は海軍の御用炭鉱にも指定されていて、石炭が専用の貨車で港まで運送された。もっとも北九州では、軍用として望ましい無煙炭は粉状のものしか産出しなかったので、塊状のものをイギリスから輸入していた。

しかし、それだけでは不足するので蒸気機関車と同じように有煙の日本産も使用せざるをえず、戦闘になり、「戦速」の号令があると、日本産の黒煙がもくもくと立ち上り、いかにも勇ましく見えた。だが、黒煙は視界を妨げる。敵からも発見されやすい。鉄道で積み出された石炭は、軍艦用としてよりも工業用に使用されるほうが多かった。

ただ工業そのものの発達が不十分であったとうじのこととて、民間の石炭の使用量そのものが多くなく、九州鉄道の石炭輸送量が倍増したのは日清戦争終了後に、世の中が好景気になってからであった。

第二章　日露戦争準備と戦時の鉄道

鉄道の民有・国有論

日本にプロシア式参謀本部ができた年の翌明治十二年（一八七九年）、本家のプロシア・ドイツで、軍用を考慮すると、鉄道を民有のままにしておくのが有利か、それとも国有化すべきかという議論が起こった。

平時の運用の観点から見ると、とうぜん、資本主義の原理に沿った民有のほうが得策であるという意見が優勢になる。利益で誘導すれば、それだけ鉄道網が発達し、経済の発展にも貢献するからである。

しかしその場合、軍事上の必要があるにもかかわらず、鉄道が敷かれない地域が出てくるのは避けられない。このことは、現在の日本で戦闘機や戦車、ミサイルを必要としているにもかかわらず、資本主義の競争原理にまかせていると、研究・開発が進まないのと同じである。

それを避けるために、国有化するとどうなるか。官営企業が非能率の金食い虫であることは、最近の日本でも多く見られたとおりであり、有力政治家や官僚の利益誘導の手段として利用されやすい。このことはドイツでも同じであった。

もうひとつ面白い議論があり、戦争のとき、民営鉄道の機関車や資材などが敵の手に落ちた場合に、民有物なら戦後に返還してもらったり使用料を敵に要求したりすることができるが、官有物だと返還されないというのである。普仏戦争に敗れたフランスの立場での、法的な戦後処理関係からの主張であるが、民営のほうがよいというそのような理屈付けもあったのである。

これに対してドイツ首相ビスマルクは、民営だと利益に駆られて敵のために輸送をすることがあるが、官営の鉄道官員は、国家のために働くとして、軍事輸送の利便のために鉄道は、官営にすべきだと述べている。

ビスマルク

結局ドイツの鉄道は、このような議論をへて一八七九年に国有化の方針が打ち出され、四大会社の路線を買い上げて国有化している。

このようなドイツの状況が日本に伝えられたので、日清戦争後に、参謀本部の主唱で、日本でも鉄道国有化論が出てきた。

日清戦争のときの経験から、日本でもようやく、戦時の鉄道輸送がどういうものであるかが分かってきていた。たとえば兵員輸送の効率をあげるためには、客車に兵士を乗せるよりも貨車のほうがよい。貨車ではあんまりだとしても、平時用の客車は、銃砲を所持している軍隊輸送には不適当である。

また戦場での荷物運搬のためや、騎兵・輜重兵《しちょうへい》の乗馬、指揮官の乗馬として馬多数を貨車で輸送しなければならないために、貨車に馬を繋《つな》ぐ設備など平時とは違う施設を臨時に取りつける必要がある。乗降停車場も、多くの兵員や馬、軍用資材を同時に取り扱うことができる広さや設備を必要とする。

そのような点で軍隊輸送の列車は特別列車であり、平時のダイヤとは別扱いして運行しなければならない。輸送量が大きく、国家の戦争という非常事態なので、運賃体系も平時とは別扱いにして、運賃を安く設定しなければならない。日清戦争のときは、軍の要求でこのような輸送運賃を平時の四割に設定したが、それでも鉄道会社は儲《もう》かったという。

軍隊輸送の列車は各駅に停車する必要がなく、輸送重量が大きくなるので、機関車はその重量のものを高速で牽引できるものである必要がある。だからといって二十二トンの平時用の線路に、五十トンを超えるような大型機関車を走らせると、線路が痛んでしまう。橋やトンネルも、そのような輸送に耐えるものとしての設計を必要とし、平時からそのことに配慮した線路の建設をしておかなければならない。

ダイヤは全体で見ると、平時のものにこのような軍用の特別列車が加わるので、効率よく輸送するためには平時から、平時とは別のダイヤを、戦時用として準備しておかなければならない。

このような点を検討した結果、戦時の軍の輸送要求に応えるためには、利益を追求する民営鉄道は不適当という陸軍の意見が出てきた。戦時のことを考えて線路や施設に余裕をもたせる設計をすることは、民営鉄道にはできないという考えからである。

また鉄道を軍事体制のなかに組み入れてしまう場合は、平時から戦時輸送についての準備をしておかなければならず、もし民間にこれを任せると、軍の戦略や動員の計画が国外に漏れてしまう恐れがある。そのことも民営鉄道反対の理由になっていた。

ドイツの鉄道の国有化の事実を参謀本部が知ってからは、陸軍の鉄道国有化の要求はしだいに強くなっていったのであり、その主張に、政治家や鉄道関係者も注意を払うようになった。

井上勝

鉄道庁長官（明治二十三年に内務省の鉄道庁）井上勝は、それまで鉄道建設に携わってきた経験と参謀本部との交渉を通じて、鉄道が富国強兵の国家施策と深い関係をもっていることを感じとっていたようである。

しかし、山陽鉄道会社の例にみられるように、明治二十年前後に、民間の鉄道会社が各地で鉄道の建設と営業の名乗りを挙げたが、国家が期待するようには鉄道の整備が進まなかった。特に明治二十三年に始まった経済恐慌のため、大手の山陽鉄道会社でさえ社長交替などの危機を迎えたのであり、開業を出願して免許を得ながら、そのまま挫折をした中小の会社は多かった。

井上は流行に乗るように鉄道営業をはじめようとしていた事業家に、鉄道を知るものの立場から警告を発していた。

「鉄道を建設するのは容易なことではない。鉄道庁でさえようやく、自前で設計建設ができるようになったばかりである。民間では、外国人技術者を雇わなければ、調査さえできないであろう。

国が補助金を出して、国家としての必要性がある路線を民間に建設させることは、補助金倒れになる恐れがある。また統一がない短区間の路線が多数生まれることは、将来のためによくない」

井上は生涯を鉄道に捧げようとしていたのであり、その立場からの鉄道国有論であったかもしれないが、このころの主張は参謀本部の主張と共通する点があるものになってきていた。井上長官は、最終的に日本の鉄道を国有化するための第一段階に着手した。経済恐慌のなかで経営が難しくなってきていた民営鉄道を、国が買い取ることを提案したのである。民営鉄道側にもそのことを望む空気があった。

当時の民営鉄道の営業線路総延長は、明治二十四年初めで一千三百六十五キロメートルであるが、官営鉄道は、八百八十六キロメートルであって明治二十二年から変わっていない。

もっとも民営鉄道の営業距離の半分は、政府融資が入っている日本鉄道のものである。

明治二十四年末に井上長官は、上司にあたる品川弥二郎内務大臣をとおして私設鉄道買収法案を第二次帝国議会に提出した。品川はやはり長州閥の一員である。買収のためには資金が必要であり、そのため同時に鉄道公債法案を提出している。

ときの内閣総理大臣は薩摩出身の松方正義であったが、政局が不安定であり、財政基盤もしっかりしていない。しかし、鉄道を国有化する必要性は内閣には理解されていた。

いっぽうで海軍艦艇を中心にして軍備を充実する予算案も提出されていたが、その予算案をめぐって政府と議会が衝突し、議会が解散されたため、鉄道国有化案は承認されるにいたらなかった。

法案は、総選挙後の明治二十五年五月の第三議会に松方内閣により再提出された。

この議会でもやはり内閣と反対党が対立したが、鉄道関係の法案は審議された。ただ国有化は時期尚早という意見が出て、国家としての鉄道網整備の必要上、すでに敷設されている民営鉄道を国が買い取ることができるという限定されたものになってしまった。日清戦争が迫っている状態であったので、限定された範囲ではあったが、国家として鉄道網を計画的に整備すべきだという政府の主張が認められたのであり、六月に入ってからようやく、鉄道敷設法が成立している。

この年の十二月からの第四議会では、やはり伊藤博文内閣と議会が対立して、二十六年度予算案の軍備充実費が認められなかった。これを心配された明治天皇は、内閣と議会の仲裁をされた。天皇は、自ら皇室の内廷費の一部を減額して軍艦建造費にあてることをいいだされたので、議会も予算案反対の立場を守ることができなくなったのである。

また軍人文官を問わず官吏も俸給の一割を軍艦建造費にあてることになったので、軍備充実の予算案は、いくらかの減額はあったものの議会で承認された。俸給の減額は、西南の役後の明治十一年の減額に次ぐ二度目のものであった。天皇の臣下としての官吏は、俸給を減額されても、おもてだって不服を口にだすことはできない。

そのように切迫した政局のなかで、明治二十五年に制定された鉄道敷設法は、平時から戦時運用を考慮して鉄道網を整備することができる性格をもっており、全国の鉄道国有化のために、いくらかの筋道をつけるものであったと評価すべきであろう。

しかし実質的には、鉄道敷設法が日清戦争遂行に大きく役立ったわけではない。これが制定されていなくても、民営鉄道を戦争の目的で徴発する方法があったからである。それが明治十五年に定められていた徴発令であった。

戦時に民間のものを軍用として徴発し使用することができる徴発令は、「鉄道汽車」も徴発対象にしていたので、鉄道敷設法によらなくても、民間会社所有の鉄道を軍用として使用し必要な輸送をすることができた。この場合、もちろん代金は支払う。

しかしそれだけでは戦争の需要を満たすには不十分であり、必要な路線を強制的に敷設させて、はじめて所用の輸送ができる。それゆえ、国が私営鉄道の運営に介入する姿勢を示し、会社に圧力をかける道具としては、鉄道敷設法も有用であったというべきであろう。

結果的にみると、民営の日本鉄道会社も山陽鉄道会社も、日本の会社であった。積極的に日清戦争中の軍事輸送に協力し貢献したのであり、単に営業利益だけを考えていたわけではない。

日露戦争前の鉄道網の整備

日清戦争で鉄道の戦時利用の重要性を認識した政府は、鉄道敷設法により鉄道網の整備計画を作成し、この計画を民間鉄道会社にも示して鉄道整備に努めた。山陽線は明治三十一年三月に三田尻（現山口県防府《ほうふ》）まで延伸され、上り一日五本の列車が三田尻駅を出発していた。明治三十四年五月には下関まで全通したのであり、日露戦争に間に合っている。

ただ、この時期になっても鉄道への偏見は残っており、三田尻から県庁所在地の山口町を通るはずであった山陽線は、海岸線沿いに十キロメートル以上も南の小郡をへて、山間部の厚狭《あさ》に入ることとなった。山口の旅館業者たちが、列車に客を取られると反対したためであった。旅館業者は後に反対運動が誤りであったことに気づき、現在ＳＬが走っていることで知られている津和野方面への山口線建設に努力している。

九州鉄道では、明治三十一年十一月までに、重要な港をもつ長崎の浦上および軍港佐世保と筑豊方面を結ぶ佐賀経由の線路敷設が終わった。その他北九州では、小倉と宇佐を結ぶ線など炭田地帯と港湾を結ぶ鉄道線路網も濃密になった。

山口駅に停車中のＳＬ。新山口・津和野間を運行

しかし、前にも述べたとおり日本の無煙炭は粉炭が多いので、練炭に加工しないと軍艦用として使うことができない。そのため海軍は徳山に練炭製造所を建てたが、練炭用の製造施設をフランスから購入したために据え付けが遅くなり、実際には日露戦争の日本海海戦が終わるころ、ようやく稼動をはじめている。

九州鉄道は、日露戦争のときだけ使われた軍用足立停車場を、小倉の南に建設している。日清戦争のとき、乗船前の九州の兵士を小倉停車場に集結させたが、場所が狭く不便であったことから、陸軍の要求で日露開戦直前に設けた停車場である。

前に述べたとおり参謀本部は、鉄道線路を海岸から離して建設することを要求していた。しかし鉄道会社は、小倉から門司までの線路を、建設が安上がりの海岸に敷設した。当時は日清戦争前で敷設を急いでいたので、問題にならなかったが、後になってこの線を正式の線路にする申請を会社が出したときに、陸軍が原則論を掲げて反対した。結局、陸軍は別に集結場所として海岸から遠い場所に新停車場を設けることを主張し、九州鉄道側が折れたのである。しかし、この停車場とそこへの引き込み線は、戦後は利用価値がなくなり、戦争中に数回利用されただけで廃止された。陸軍の、原則論にとらわれた見とおしの悪さの結果であろう。

その後の大艦巨砲の発達や航空機の発達を考えると、鉄道を海岸近くに敷設しないという原則論は、普仏戦争の体験に基づくドイツ陸軍の古い説の受け売りであり、将来への見通しがないものであったといわざるをえない。しかし民間側も、目先の利益しか見えず、新線を安く建設して輸送量を増やすことに追われ、大きい目で見て基礎を固めることを忘れていた。そのため自動車社会になってから廃線になるものが続出したのであろう。

交通の難所・関ヶ原。手前は黒血川。前方は新幹線

四国の鉄道は瀬戸内海側と徳島・宇和島付近の一部だけであり、特に述べることはない。海運が発達していたことと、内陸部に平原がなかったことが、鉄道の発達を遅らせていたといえよう。

東海道線は継続して改良工事が行なわれていて、複線化も進んでいた。関ヶ原は交通の難所のひとつであったが、明治三十三年に複線化するとともに、関ヶ原の北側を通っていた線を、南側を通る現在の形に付け替えている。こうして東海道線は、日露開戦までに七割以上が複線化していた。すでに日清戦争前に複線化していた御殿場付近でもトンネル工事が行なわれて、登り勾配がゆるくなり、それだけ機関車の負担が軽くなった。

このように日露戦争に備えて複線化を急いだ結果、トンネルなどの改修を必要とする広軌鉄道論は、議論を棚上げされてしまい、狭軌が日本の鉄道の標準になってしまった。

東北地方の鉄道は日本鉄道会社の縦貫線である東北線と奥羽線にあたる線が中心であり、奥羽線の開通を急いでいたが、福島と青森間の奥羽線が完全につながったのは、日露戦争の講和条約調印とほとんど同時期であった。しかし東北線側は日清戦争前から営業されていたので、戦時輸送に大きな支障はなかった。

小樽市内に現在も残っている旧鉄道の線路

北海道の鉄道は、開拓事業の関係で敷設が進んだ。明治十二年の段階で、昭和時代の鉄道網と共通する鉄道建設計画ができあがっていたのである。計画したのは開拓使、いわば北海道開発庁であった。札幌を中心にして小樽、旭川、室蘭を結ぶ線は、官営、民営を含めて日露戦争までにほとんど運行が始まっていた。天皇の明治十四年の北海道視察では、小樽から札幌の間の移動に鉄道を利用されている。

ただ肝心の函館・小樽間全通が開戦半年後にずれこんだのが不便であった。ここは険しい山岳地帯を通らなければならなかったからである。なお、東海岸の釧路と帯広を結ぶ線は営業されていた。

開発途上であった北海道については、日露戦争と関係がある鉄道の運行についてのエピソードは少ない。もしロシア軍が北海道に上陸したときは、守備の日本軍が鉄道により移動をしたであろうが、ロシア軍にその余力はなかった。ただ津軽海峡西にロシア艦隊が現われたという情報が開戦初期にあったときは、人々は一時的に緊張した。

羊蹄山付近を通る函館・小樽間の路線

「函館にオロシアがくるというが」
「旭川から歩兵が守りに来たから大丈夫だとはいうが、避難したほうがええか」
「逃げるというても、どこが安全か。兵隊が守っておるここのほうがよくはないか」

第七師団司令部がある旭川から派遣されてきた大隊は、室蘭に鉄道で着き、対岸に船で渡った後、徒歩で函館に移動してきていた。函館・小樽間の鉄道が、まだ完工していなかったからである。

函館では要塞砲による警戒態勢をそれ以前から強めてはいたが、人々は、歩兵の到着でひと安心した。要塞砲は射程の関係で、函館港を守ることはできたが、海峡を通過する敵艦を砲撃することはできなかった。もちろん市街戦には役にたたない。別に小樽と室蘭にも歩兵が鉄道で到着して警戒配置についたが、まもなく配備を解き、やがて後備兵を残して満州に出征していった。

日露戦争末期には逆に日本軍が樺太（サハリン）に上陸し、後の講和条約で、南樺太の割譲を得ている。南樺太は明治八年のロシアとの千島樺太交換条約で、日本が北千島を領土とする代わりに樺太の領土権を放棄させられていた因縁の土地であったのであり、幕末に全島を間宮林蔵が調査した後にロシア人が南下してきて、日露混住になっていた。日本領になってからはここにも鉄道が敷かれた。

日露戦場での鉄道運用

こうして日露戦争までに、日本国内の鉄道による軍事輸送の態勢は、ほぼ整えられていた。最初イギリスからの輸入品で鉄道が建設され、機関車もイギリス製であったのが変わり、アメリカ製やドイツ製の機関車も輸入されるようになった。

さらに明治三十四年からは大阪の汽車製造合資会社で、国産機関車が本格的に製造されるようになった。国産一号機関車が神戸工場で製作されてから、八年が経過していた。

こうして日露開戦時の機関車保有数は、官民合わせて一千五百両を超えていたのであり、客車貨車も国内製造されていて、輸入品を加えると量的にも質的にも、戦争の需要をまかなうことができるようになっていた。レールもヤードあたり六十ポンド（メートルあたり三十キログラム）平底の標準レールが、明治三十四年から八幡製鉄所で製造できるようになっていた。

このような工業の発達には、産業各部門の能力の、バランスがとれた発達が必要である。八幡製鉄所が鉄鋼を安定供給できるようになったことや機械工業各部門の技術者が養成されてきていたことが、鉄道工業の能力の向上に結びついていた。

鉄道用電話の普及は明治三十五年からであったが、それまでも、電信により主要駅の間を繋ぎ、必要な連絡をすることが常に行なわれていた。そのため通信機・架線などの施設やその運用体制などの、電信の基礎ができていたので、その後の鉄道電話の普及速度は速かった。

正確を期すために電話になってからも、語句が分からないときは、五十音図のたてよこに1、2、3……の数字を振り、たとえば「あさひ」であれば「1の1、3の1、6の2」と、伝達する方法をとっていた。受けたほうは、かならず「あさひ」と、復唱をした。これは電信時代に培《つちか》った基礎に基づく方式である。

このように、国内の鉄道を運用する体制が日露戦争前にほぼできあがっていたので、戦場に人員や物資を送り出すのに支障がなく、戦争を戦い抜くことができたのである。

軍事輸送の統制は、広島、小倉、熊本に線区司令部出張所というものを設けて行ない、必要に応じて部隊の下車給養のための停車場司令部も設置して、全体を東京の線区司令部が統制した。日清戦争のときとちがって、海底ケーブルや無線を利用して戦地との通信連絡ができるようになっていたので、大本営は東京から戦争の指揮をすることができた。

このような日本内地のことはさておき、ここでは主として、陸軍が戦場でどのように鉄道を利用したかを述べよう。

日清戦争に勝った日本は朝鮮国（一八九七年に韓国と改称）への影響力を強めたが、ロシアも一八九八年（明治三十一年）に、清国から旅順・大連を租借し、シベリアからそこにいたる鉄道の敷設権も得た。ロシアはさらに、一九〇〇年（明治三十三年）の清国の義和団の事件鎮圧にからんで満州地域に軍隊を派遣し、やがて朝鮮半島へも軍事進出をはじめた。

ロシアだけでなく、清国東部から東北部にわたる地域には、イギリスもドイツもフランスも、港湾の租借や鉄道建設の権利を得て進出しはじめていたのであり、時流に乗り遅れたアメリカは、これらの国に中国の門戸開放を提議するなどしていた。清国や韓国は、半強制的に条約を結ばされて西欧に権益を与えなければならなかったが、日本も権益を奪い取る仲間になりつつあった。

日本は明治三十一年に京城（ソウル、当時は漢城）と釜山の間に京釜鉄道を敷く権利を得て、明治三十四年から民間会社による工事をはじめていた。この時点で日本は、釜山から満州をへて、シベリア経由でヨーロッパと結ぶ大陸鉄道の構想をもっていた。

これを聞いた井上馨は最初、資金集めの説明のためにやってきた渋沢栄一に対して、「会社が他国の領内に鉄道を敷くとはなにごとか」と怒ったというが、日露の間が険悪になってからは、逆に早く鉄道を完成させるように励ましたという。おかげで会社は、政府から補助費の支給を受けたり融資に便宜を図ってもらえたりして、京釜鉄道は開戦の年の末に、釜山に近い草梁からソウルまで全通した。

釜山からヨーロッパに向かう国際線をつくるためにはソウルと満州を結ぶ線も建設しなければならないが、京義線と呼ばれる北に向かうこの線は、韓国政府が建設する予定になっていた。

朝鮮を走る鉄道。写真は仏国寺駅に停車中のもの

なお、港がある仁川とソウルを結ぶ線は、アメリカ人が建設権利を得ていたが、これを渋沢栄一たち日本人が建設途中で買い取り、明治三十三年に完成させて、渋沢が社長の京仁鉄道合資会社により運行していた。

明治三十七年（一九〇四年）二月に日露戦争がはじまった直後、日本は韓国に強制して、日本に戦争遂行のための便宜を与えることを約束させた。日本が鉄道を韓国内に敷設して、運用する権利を得たことはもちろんである。

こうした処置により京義線は、日本陸軍の臨時軍用鉄道監部（鉄道大隊）が、清国との国境の義州までの工事を担当することになり、日露講和後の明治三十八年十二月に完成させている。

日露戦争初期には、これら朝鮮半島内の鉄道は部分的に利用できるだけであったが、それでも、日本からの汽船が釜山や仁川に陸揚げした兵員・物資を、陸上で輸送するのに役立っている。

日本陸軍は第二次世界大戦中に補給を軽視したといわれることが多いが、このように鉄道を敷いて輸送力を確保し、第一線が必要としている弾薬や食糧・馬糧を前線に送る計画をたてることは、日露戦争当時から行なっていた。ドイツ式の運用方式を学んでいたのだからとうぜんである。

ドイツのメッケル少佐が日本の陸軍大学校で補給について教えたとき、学生であった長岡外史中尉は、「食糧の補給というから、梅干でも準備しておけばよかろうと思っていたところ、そうではなく大量の輸送が必要になることを知って驚いた」と、回想している。その長岡が、日露戦争のときは少将の参謀次長として大本営に服務していたのだから、補給・輸送の重要性を知らないわけがない。

しかし、日本式の食糧の補給・輸送には、ある問題があり、戦争になるまで気づかれなかった。長岡が戦地から受けた報告に、つぎのようなものがあった。

「大連の倉庫に集積しました白米が、臭くなって食べられないといいます。湿気と暑さのために、腐ってきているのであります。傷んだ量はおよそ八百石であります」

とうじ米は、大連から二個師団（三万六千人）分として一日あたり二十七貨車分を北に向けて送っていた。ほぼその一日分がむだになったのである。そのため、日本で精米してから送る方式が不具合だということになり、食糧の現地調達が、指令された。

「台湾から玄米を調達し、現地で精米すれば腐ることはあるまい。清国国内でもひそかに調達しよう」

清国は日露どちらにも加担しない中立の立場にある。そのため表向きは、戦場になっていない清国内地域での米の調達はできなかった。台湾は日本領なので問題はないが、送るのに日数がかかるので玄米にした。玄米は生きているので、腐りにくいからであった。

清国では、私服の日本軍人が清国内で集めたものを、モンゴル方面の漢人の食糧にするという名目で、清国の名前で発送している。清国は、ロシアよりは日本に好意的であり、これに協力している。

このような日露戦争での体験が、その後の戦争で、日本陸軍を食糧の現地調達をする方向に行かせたのである。

メッケル

日露戦争は明治三十七年二月八、九日の、仁川沖の海戦で火蓋が切られた。輸送船に乗った陸軍の先遣隊を仁川に上陸させるために、護衛してきた軍艦六隻および水雷艇四隻の日本戦隊が、停泊中の二隻のロシア艦と戦ったのである。劣勢のロシア艦は、戦闘後自沈している。
上陸した日本陸軍の第十二師団は、その後ソウルをへて北に向かった。このときは、鉄道は仁川とソウル間しか建設されていないので徒歩である。その後、平壌南西の鎮南浦に上陸した後続の二個師団が、北上してきた第十二師団と合体して第一軍を編成し、少数のロシア軍を追い払いながら鴨緑江を渡って満州内に侵入した。

続いて第二軍が、西の遼東半島に上陸して第一軍の進撃方向に進み、さらに後れて編成された乃木大将の第三軍が旅順要塞の攻略のために七月に大連に上陸した。そのころには、海軍の旅順港攻略が行き詰まり、旅順港に閉じこもっているロシア艦隊を東郷大将の聯合艦隊が海上から見張っている状況になっていた。

旅順は、ロシアが建設した東清鉄道で、奉天、ハルピンを経由してシベリアにつながっている。もっとも開戦時は、バイカル湖沿岸の線は未成で、凍結した湖上にレールを敷いてしのいでいた。氷の厚さが五十センチあれば、機関車の重量に耐えたのである。

乃木第三軍は、一ヵ月もすれば旅順要塞を陥落させることができるつもりで攻略にかかったが、コンクリートで固められた要塞は、日本軍の大砲や小銃の弾丸をはね返した。そのため歩兵が塹壕を掘って近づき、要塞に突入する肉弾戦法をくりかえしたが、日本軍の死傷者は、みるみるうちに増加していった。

戦争前に要塞の状態を探る目的で、民間人に扮した日本軍参謀が列車に乗って旅順を通過したが、旅順付近では、同乗しているロシア兵に窓の鎧戸《よろいど》を閉めさせられ、まったく様子がわからなかった。当時の列車の窓のブラインドは、外が透けて見えるような簡単なものではなく、雨戸のような鎧戸と呼ばれるものであったので、外の様子をのぞき見ることができなかったのである。

参謀は、大連港にセメントなどが荷揚げされている状況を観察して、要塞がしっかりと造られていると推測はしていたが、要塞は思ったよりも堅固であった。

ロシアが建設したシベリアまで続く東清鉄道の旧旅順駅

ロシア軍は鉄道を利用して兵力を移動することができる。うかうかしているとロシア軍が、本国から輸送してきた兵で兵力を増強し、日本の第二軍や旅順攻撃中の第三軍を南北から挟み撃ちにする恐れもある。

そのころにはシベリア鉄道も、バイカル湖岸に敷設された線路でシベリアとの往来に支障がなくなり、奉天からモスクワまで約一万キロメートルの距離が、一応の連絡ができるようになっていた。ただ単線なので、列車の本数は一日四、五本の往復であり、それほど多くはなかった。

一本の列車が輸送してくる食糧や弾薬は、せいぜい五万人の兵員の一日分である。そのため満州内の一部では、初期の動員時には復路の空輸送を止めて、貨車をそのまま放置し、片道輸送で大量輸送をしたといわれている。満州地域内の戦争中の鉄道輸送は、管理を軍が行なっていたので、貨車を倉庫代わりにして、そのままにしておくことも可能であったろう。それでも最初の増強六万人の兵力を輸送するのに、五十日間かかっている。

こうして開戦時の満州方面のロシア陸軍兵力は、十二万人程度になっていたと推定される。そのうち四万五千人が旅順要塞に立てこもっていた。

しかし六万人余の兵力の乃木第三軍は、そのようななかで、旅順攻略をあせっていた。旅順攻略はもともと、旅順港に閉じこもってしまったロシア太平洋艦隊を陸上から攻撃するために、陸軍が海軍の要求を受けてはじめた作戦である。早く攻略しないと、ヨーロッパのバルチック艦隊が遠路救援のために駆けつける恐れがある。バルチック艦隊は第二太平洋艦隊として、旅順港の艦隊に合流して、日本の聯合艦隊に戦いを挑もうとしていた。

乃木第三軍は要塞攻略前に、大連港から長嶺子という戦線北東十キロメートル付近の地点まで、東清鉄道を復旧して利用できるようにしていた。さらにそこからは、資材運搬用のトロッコ線路を、攻略陣地まで敷設していた。トロッコは機関車で牽引するのではなく、人力の手押しである。復旧したもともとの本線も、最初は手押しであった。トロッコ線路は主として砲兵部隊が、大砲や砲弾の運搬用に敷設した。

東清鉄道は、ロシア軍が退却時に施設を破壊していたので、復旧は容易ではなかった。作業にあたったのは野戦鉄道提理部という鉄道部隊の、班や廠である。現地人を工夫として雇って働かせたが、作業の能率は悪かった。またロシア用の線路は五フィート一インチ（百五十四・九センチ）の特別の広軌であったので、傷んでいないところでも、日本の資材が使えるように狭軌に直さなければならなかった。

鉄道部隊はその後も、戦闘部隊の前進につれて北に線路を伸ばし、戦争中に奉天の北の鉄嶺からさらに五十キロ先までの本線と、本線から途中で分岐して撫順炭鉱にいたる線路の運行を可能にした。最終的には、長春まで復旧してから満鉄に引き継いでいる。この引き継ぎのとき、鉄道部隊の軍属の技師・技手であったものは、多くがそのまま満鉄に身分を移している。

大連港の現在の乗船口（上）と同港近辺の旧市街

要塞攻略にてこずった乃木軍の陣地には、やがて日本内地の要塞から、二十八センチ口径の旧式要塞砲が送り込まれた。射程は七千八百メートルしかないが、一メートル近い厚さのコンクリート要塞を破壊するには、これしかないという判断からであった。山越しに港内のロシア艦を砲撃することもできた。

砲身長が二メートル八十六センチ、総重量が十トン以上もある大砲を十八門も運び込み、さらに大量のコンクリートで基礎を造って据えつけるのだから、鉄道やトロッコなしには運び込むことさえできなかったであろう。

二十八センチ砲が火を吐きはじめると、要塞は粉々に砕け、要塞で指揮をとっていたロシア軍のコンドラチェンコ少将も戦死した。おかげでロシア軍の士気は低下し、守備隊の降伏につながるのである。

鉄道部隊は戦争の裏方ではあったが、日露戦争では重要な役割を果たした。開戦後に朝鮮半島でも、清国国境の鴨緑江に向けて線路を建設していたが、満州側にもそれと接続する線路を敷かなければ、輸送にさしつかえる。

そこで鴨緑江岸の安東から、臨時鉄道大隊がゲージ二フィート六インチ（七十六・二センチ）の軽便鉄道の線路を敷き、最終的には奉天で本線に接続した。軽便鉄道なので、最初は手押しトロッコと変わりがなかった。戦闘員ではない補助輸卒に、手押しをさせている。日本軍主力はこの方面からロシア軍を追い上げていったので、その補給のためにこの線路が役立っている。鴨緑江を小船で輸送してきた物資を安東に陸揚

コンクリートで堅固に造られ、今も残る旅順要塞

げして、軍用の軽便鉄道に積み替えて輸送したのである。

この線は日露講和後に清国から日本の鉄道として認められ、満鉄の一部として整備された。満鉄は四フィート八インチ半（百四十三・五センチ）の国際標準ゲージの広軌を採用したので、この線もそれに合うように改修され、さらに鴨緑江に橋をかけて釜山からの直通列車の運行がはじまったのは、明治四十四年十一月であった。

第三章　日露戦争後の鉄道と世界の戦争

鉄道の国有化

これまでに述べたとおり戦時には、戦地だけでなく国内の鉄道も軍事輸送に大きな役割をはたすので、平時からそのことに配慮して建設整備をしておく必要がある。だが営利を目的としている民営鉄道に、予想される戦時輸送のために平時から丈夫なレールを敷設するように要求したり、トンネル幅を広げさせたりすることにはむりがある。戦時の軍事輸送に備えて、特別の軍用列車の運行を加えたダイヤもひそかに用意しておかなければならない。

そのような内容は外国に知られると軍事上の不利益になるので、民営鉄道の職員にも軍事上の秘密を守る義務を負わせることになり、社会的な問題が出てくる。まして鉄道会社に外国資本が入り、外国人が役員や職員として送り込まれるようなことになると、秘密を保つことは保障できない。

日露戦争は日本が滅びるかどうかの瀬戸際の戦争であったので、民営鉄道も軍事輸送に協力的であった。前に述べた鉄道敷設法で、特に必要な場合は民営鉄道を国が安く買収することができるという規定も、圧力になっていたかもしれない。だが、古い歴史をもつ日本最長の、東北方面の鉄道を運営している日本鉄道会社には、時価よりも安く買収する規定が適用されないので、鉄道敷設法では対応できなかった。

しかし軍としては、鉄道をすべて大本営の統制下に置きたい。

戦時内閣の総理大臣は陸軍大将桂太郎であり、ドイツに留学してドイツ式陸軍を日本に導入した陰の権威者であった。陸軍大臣寺内正毅中将もフランスではあったが留学経験があり、長州閥の山縣、桂、寺内が、戦時の鉄道の運用について影響力をもっていた。

財政事情で実現しなかったが、ヨーロッパ式の広軌を採用して輸送量を増やすことを主張したのも、ドイツ式に力を入れていたかれらであった。そこでかれらは、新しく鉄道国有化法を制定して、この問題を解決する方向に動いた。

鉄道担当の逓信大臣大浦兼武は、薩摩出身ではあったが、政治的に山縣や桂に近い。そのためもあってか、戦時中の明治三十七年十二月に大浦は鉄道国有化法案を起案させ、審議をはじめた。国有化するには、どの線をいくらで国が買い取るのかが問題になる。

日露戦争中には間に合わなかったが、戦争中に鉄道国有委員が調査した国有化の資料がまとめられ、戦争が終わった後の西園寺公望首相、山縣伊三郎逓相の内閣に処置が引き継がれた。

政治的な駆け引きがあったあげく、明治三十九年三月末に鉄道公有法が成立したが、買収民営会社は最初の予定の半分、十七社になり、約四億五千万円（現在の価格だと一兆五千億円以上）が公債によって支払われることになった。

最初の買収は明治三十九年十一月に行なわれた日本鉄道であり、一ヵ月後には山陽鉄道も買収された。このとき山陽鉄道が運航していた下関から釜山をつなぐ航路や瀬戸内海の連絡船航路も、買収されている。

こうして明治四十年末までに当時の主要な民営鉄道会社はすべて国有化され、それまでの官営鉄道も含めて、これらすべてが帝国鉄道と呼ばれることになった。しかし一般には、国有鉄道という名が普及した。最初は明治四十年三月に発足した逓信省の帝国鉄道庁がこの組織を管理監督したが、鉄道庁は翌年末に内閣直属の鉄道院になり、さらに大正九年に鉄道省に昇格している。

釜山からソウルをへて新義州まで朝鮮半島を縦貫する日本敷設の鉄道も日露戦後、仁川港の京仁線を含み、韓国との協約と鉄道公有法の施行により、日本政府のものになった。さらに日本が、清国の承認の下にロシアから権利を譲り受けた満州の鉄道と、清国に新たに権利を認めさせた安東と奉天間の鉄道については、明治三十九年十一月に、日本政府が半官半民で発足させた南満州鉄道株式会社、つまり満鉄が運営することになった。

この満鉄の総裁には後藤新平が就任した。後藤は明治四十一年七月からの第二次桂内閣で、鉄道の責任者である逓信大臣兼鉄道院総裁を務めている。そのことからも分かるように、満鉄はあくまで日露戦争の後始末をする機関であり、国家の施策で運用されるべきもので、国策会社といわれる性格のものであった。

そうすることをつよく主張したのは、日露戦争時の日本陸軍の満州軍総司令部で総参謀長を務めた児玉源太郎大将であった。児玉は総参謀長であると同時に兵站《へいたん》、つまり補給や輸送の責任者であり、満州の鉄道の重要性を認識していた。いっぽう、韓国で、日本の保護国化が進行していた韓国で、統監として日本の代表を務めていた伊藤博文は、「満州は日本の領土ではない」と主張して、児玉の考えに反対していた。

しかし、韓国には伊藤の韓国統監府鉄道局がおかれていて、これが日本政府所有の韓国内の鉄道を管理していたのであり、満州とまったく事情がちがっていたわけではない。そのうえ伊藤

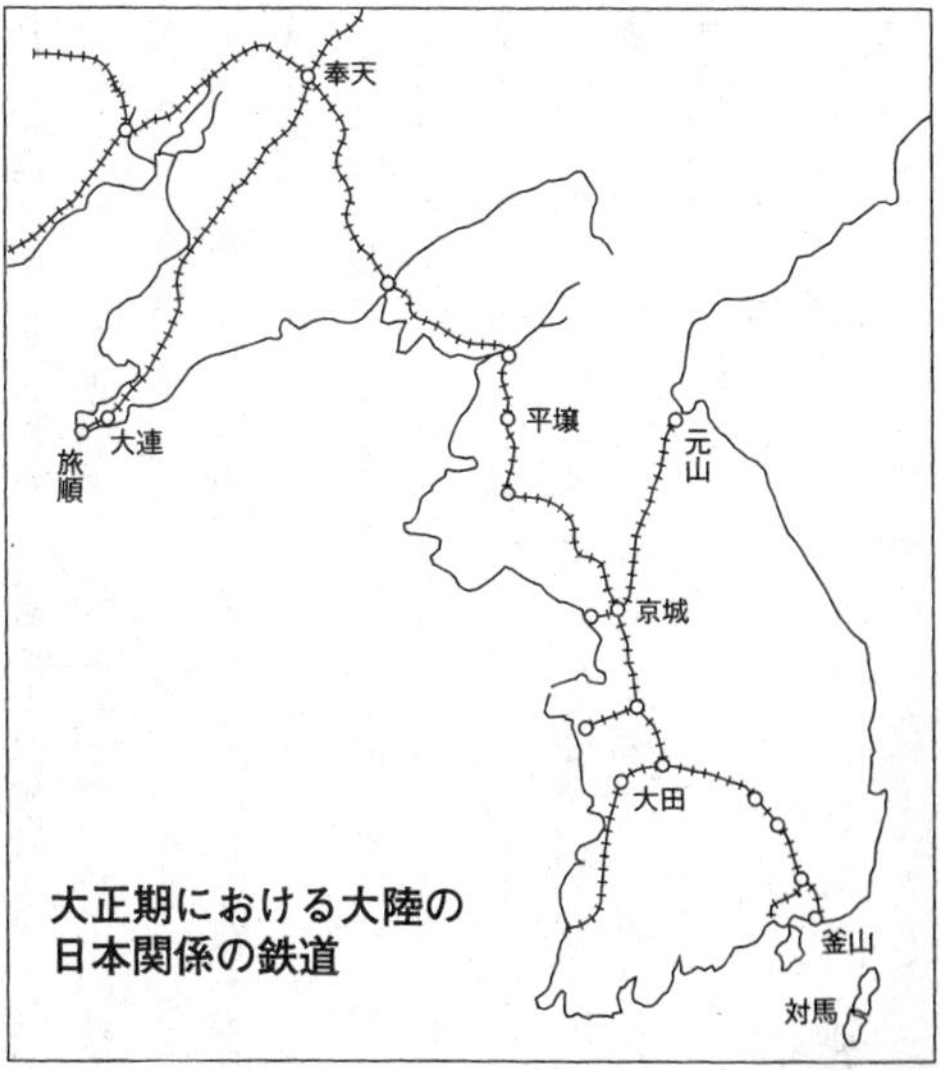

大正期における大陸の日本関係の鉄道

が明治四十二年六月に統監を辞任した後に暗殺されて、明治四十三年八月に韓国が日本に併合されてしまってからは、韓国の鉄道は、日本内地のものと同じように扱われるようになった。

こうしてその後、朝鮮半島東岸にも南北を結ぶ線路が建設されている。一部の線路は、工兵隊によって建設された。

児玉は戦後の明治三十九年四月に参謀総長に就任した後、十月に南満州鉄道株式会社設立委員長を兼務した。そこで児玉は、自分が台湾総督であったときに、その下で民政長官を務めていた後藤新平を満鉄総裁に推したのである。

満鉄総裁は、軍人である旅順の関東都督が満州地域の日本の施設や居住地の政治軍事の権限を握っているので、その統制を受けたが、鉄道とその付属地については大きな権限を任されていた。

児玉は台湾統治と同じような考えで、台湾統治に功があった後藤を推したのであり、当時の西園寺首相も同じように思っていたらしいが、後藤自身は、満州の鉄道の発展を通じて、満州を日本の国益になるように開発しようと考えていたようである。

児玉が後藤に会って満鉄総裁を引き受けるように説得した直後に、児玉は心臓発作のような状態で急逝し、後藤もそのことがいくらか影響したのか、満鉄総裁就任を引き受けた。ただし自分の満州開発の構想を実現に移すために、関東都督の顧問の地位を兼任することを要求したといわれ、在任二年のあいだに、その後、日本が満州全域に手を広げる基礎を築いた。

第一次世界大戦期に増えた軽便鉄道

日露戦争はかろうじて日本の勝利で終わった。明治三十八年三月十日は、その後、陸軍記念日として日本陸軍がロシア軍を奉天から追い払った日として祝われることになったが、実はそのときに陸軍の力は尽きていた。

奉天の会戦で戦った日本軍は陸軍の総力といってよく、第一線兵力は二十五万人であったが、ロシア軍は奉天付近に三十一万人を集結させていた。しかもロシアの人口は日本の三倍以上であり、開戦時の陸軍現役兵力はロシア百十三万人に対して日本陸軍は十六万人余にすぎなかった。そのうえ兵器も弾薬も日本陸軍のほうが劣っていた。

奉天会戦では、日本軍はドイツの参謀メッケルに教えられていたとおり、旅順を落として駆けつけた乃木第三軍を西方に大きく迂回させて、ロシア軍を後方から囲んだ。そのため、日本軍の攻撃を支えきれなくなったロシア軍は、列車で北に向かって退却したのである。

そのとき日本軍には列車を砲撃する弾丸がなく、指をくわえて退却を見ていることしかできなかった。ロシア軍は、補給を受けて後方シベリアで態勢を整えた後に、逆襲してくる可能性が十分にあった。

その後、日本海海戦で、ヨーロッパからはるばるやってきたロシア艦隊を日本の聯合艦隊が運よく撃滅できたために、日本は講和会議でどうにか対等の交渉をすることができたのである。

日本国民はそのような舞台裏を知らないので、講和会議でロシアから、多額の賠償金を得ることができると期待していた。しかし結果は、旅順、大連のようなロシアが強制的に清国から租借して使用権を得ていた土地や、満州の鉄道などの利用権を譲り受けたに留まった。南樺太は日本のものになったが、これは本来、日本のものといえるものであった。

講和を前にしていたとき、賠償金への期待から、日本の私営鉄道の株価は高騰していた。もちろんあらゆる経済活動にその期待があり、投資意欲が盛んになっていた。鉄道への投資も盛んで、新しい路線が計画されつつあった。

ところが講和会議の結果は、国民の期待を裏切るものであった。不満をもつ人々はあちこちで暴動を起こした。さらに戦争中に外債を募集するなどして兵器や弾丸を買う資金をつくった十七億円余のつけが、政府の財政を圧迫し、国民の経済状況も悪くした。鉄道を国有化した公債費四億五千万円もこれに上乗せされた。

いっぽうで陸軍は、韓国を併合したので朝鮮半島の警備に必要な兵力をそこに置かなければならなかった。また満鉄線路を守るための関東軍も置いた。そのため陸軍は、二個師団の増加を必要としていた。ロシア軍がふたたびこの方面に侵入してくる恐れがあったからである。

海軍も、ロシア海軍の勢力は、しばらくは回復しないと思われていたからその脅威は受けないにしても、戦後にアメリカとの仲がしっくりいかなくなったので、米海軍を相手にした艦隊の建設をしなければならなくなった。

そのような諸般の事情で、財政状況はますます悪くなりつつあった。そのなかで鉄道を新しく延長することは容易ではなかった。国鉄は主要幹線の複線化や電化を進めたかったが、実際に行なわれたのは必要最小限の路線にかぎられた。

瀋陽（奉天）北駅。奉天会戦で日本軍の攻撃を支えきれなくなったロシア軍は、北へ向かって列車で退却した

そのようななかで、「鉄道の便から取り残されていた地方にも鉄道を」という要求が起こってくる。しかし国鉄は、すぐには期待に副《そ》えない。そこで出てきたのが、簡便に設置でき、短距離を結ぶ鉄道を民間計画で造る案であった。それまでの私設鉄道条例（明治二十年制定、明治三十三年に私設鉄道法）で鉄道を造る場合は、設備が国鉄並みであることが要求され、株式会社組織にしなければ認可されないなど、設立のための手続きも簡単ではなかった。そこで新しく、政府の認可条件がゆるい軽便鉄道法が、明治四十三年八月に施行された。鉄道院総裁後藤新平の施策であった。

これにより、標準狭軌のゲージが百六・七センチであるのに対して、もっと狭い七十六・二センチのものを使い、それに合うような小さな機関車や車両を使う軽便鉄道が、各地に設けられた。明治四十四年に、新潟県の小千谷付近で営業をはじめた魚沼線や、明治四十五年の年号が大正に変わる直前に、四日市付近で営業をはじめた三重鉄道はこれにあたる。名古屋電気鉄道のように標準狭軌を使ったものもあったが、カーブの曲線半径の規制や機関車の性能などの規制もゆるめられていたので、地方鉄道の発達を促すためには、軽便鉄道法は有用であった。

別に明治四十四年に、国鉄が軽便鉄道を敷設することも認められるようになって、栃木県の真岡線、青森県弘前付近の黒石線など、軽便鉄道として建設されたものがある。これは、鉄道が必要でありながら採算性などの理由で民間の鉄道が敷設されにくい地域に、国鉄の手で軽便鉄道を敷いたのである。

そのようなときに起こったのが、大正三年（一九一四年）夏の第一次世界大戦であった。戦場は主としてヨーロッパ地域であり、日本は連合側に加担して、日英同盟のよしみで山東半島にあるドイツの基地青島を攻略した。そのほか太平洋に出没するドイツ艦を追いかけたり、地中海に船団護衛用の駆逐艦を派遣したりしたていどで終わった。

おかげで直接戦火にさらされなかった日本では、戦争需要の生産が伸び、インフレが進行して物価が一時は二倍になったものの国民の所得も増えた。ただ公務員の俸給はそのままであるので、給料が少ない下級者は悲鳴をあげた。そこでやむをえず一時的に、二十五パーセント前後の増給をしている。

ともかく戦争のおかげで世の中の景気がよくなったので、軽便鉄道の建設も進んだ。戦争の需要で国内の鉄の生産量が増加するという、鉄道建設に有利な物的条件も整っていたからである。戦争が終わった大正七年十一月末の私営軽便鉄道は、百三十五社に及んでいる。国鉄の軽便鉄道も、十四地方線を数えることができた。

このあいだに、私設鉄道法による新規建設の私鉄は影を潜め、古くからの私設鉄道も国鉄に買収されたり、政府の監督を受けることが少ない軽便鉄道に衣替えしたりして整理が進んだ。そこで大正八年に私設鉄道法を廃止し、軽便鉄道の内容をいくらか強化した形の地方鉄道法が制定された。私営鉄道は地方鉄道として、この法律で規制される比較的簡便なものに統一された。もっともゲージは狭いものだけでなく、広軌でも認可された。

大正９年に三田尻・堀間で開通した軽便防石鉄道

現在、モノレールのほかは鉄道が見られない沖縄に、軽便鉄道の一部が開通したのは大正三年であって、本土の他の地方に比べても比較的早かった。現在の県庁に近い旭町の那覇駅（現バスセンター）が基点であって、与那原線、嘉手納線、糸満線合計で、八十七キロメートルに達している。

この鉄道の重要な役割は砂糖黍や黒糖の運搬であった。

これにからんで、つぎのような話があった。

「ケービンができると、わしらの仕事が奪われる。反対だ」

二十人ほどの馬車曳きが集まり、鉄道会社に抗議している。かれらは最初に線路が敷かれる予定になっている与那原までの荷扱いをしていた。

「仕事を減らさぬよう糸満のほうへの荷を送るため、そちらの馬車道を通行できるように手配をしてもらいたい」

糸満港は黒糖の積み出しができたので、この要求が出てきたのであるが、そちらへの馬車道は糸満方面の馬車組合のものである。鉄道会社はやむをえずその交渉をしている。

与那原駅を出て那覇に向かう軽便鉄道は、途中、緩やかな坂道を登る。とつぜんお客たちが大声で馬車道を走っている青年を声援しはじめた。「ハーイヤ、ハーイヤ」というはやし声に続けて、機関車も、「アフィー」と汽笛を鳴らし、「ピッピーッ、ピーッ」と指笛も響く。

青年は列車と同時に与那原駅を走り出したのである。坂道では青年がどんどん先を走っていく。那覇駅に着いたのは、青年が先であった。

軽便鉄道はどこでも同じようなものである。それでも大正時代には、田舎の人々の足として重宝がられていた。また鉱山から鉱石を運び出したり、観光地と主要国鉄線を結ぶ足として利用されたりすることもあった。その後ガソリン気動車化された路線には、石油が貴重になった第二次大戦中に廃線になったものがある。沖縄の路線は蒸気機関車で運用されていたので戦争中も運行が継続されていたが、最後には、線路が陣地作りに転用されるなどして姿を消した。

シベリア出兵の鉄道部隊

第一次世界大戦の末期に、日本がシベリアに出兵する話がもちあがった。連合軍の一員としてのことである。

大戦中にロシアでは革命騒動が起こり、一九一七年（大正六年）に臨時政府が成立した後に、ふたたびドイツ軍、オーストリア軍と戦っていた。チェコ・スロバキアは戦争前、オーストリアの一部であって、同国の軍隊はロシア軍と戦わせられていたが、すぐに寝返ってロシア軍に加わり、ドイツ・オーストリア軍と戦っていた。

ところが一九一八年一月にロシアにソビエト政府が成立し、三月にドイツと講和条約を結んでしまった。そのためロシア軍に加わってドイツと戦っていたチェコ・スロバキア軍は行き場がなくなり、ソビエト政府に反抗をはじめた。

そのときロシアの共産革命を喜ばないイギリスが、フィンランドに隣接するムルマンスクや極東のウラジオストックに軍隊を派遣して革命への干渉をはじめた。その一環としてイギリスは、チェコ・スロバキア軍をシベリア鉄道経由でウラジオストックに移動させ、海路でヨーロッパに移動させようとした。

移動後は英仏連合軍に加えて行動させるというのだが、そのことを名目にしてイギリスは、ウラジオストックに自国の兵力を派遣しようとしていた。その派遣軍に、米仏軍や日本軍も加わらせようと策動していたのである。

その真意は、ウラジオストック方面からシベリア鉄道経由で共産革命軍を圧迫することにあったようである。そのためウラジオストックに、チェコ・スロバキア軍救出の名目で、連合各国の兵を集めて、ロシアの革命軍を攻撃させようとしたといえよう。

うまくいけばその延長で、まだヨーロッパで英仏米などの連合軍と戦闘を継続していたドイツ・オーストリア軍を、シベリア鉄道経由で背後から挟み撃ちにすることもできる。なお、ドイツ・オーストリア軍の捕虜で、シベリアに送られて共産革命軍に加わっているものもいたので、その討伐もしなければならなかった。

そこでイギリスは、アメリカやフランスだけでなく、形式的に連合軍に加わっている形になっている日本にも、シベリアへの共同出兵をもちかけてきたのである。日本は最初は断わっていたが、七月になってアメリカからも要請があり、結局日本は、一個師団最大一万二千人をシベリアに派遣することになった。共産主義に脅威を感じていたのと、沿海州方面に居住する日本人が、革命暴徒の被害を受けるおそれがあったためでもある。

なお、海軍はこの年一月から軍艦二隻をウラジオストックに派遣して、四月から陸戦隊による居留日本人の保護行動をしていた。

ウラジオストックに上陸する連合陸軍部隊には、日本軍第十二師団のほかにアメリカ軍九

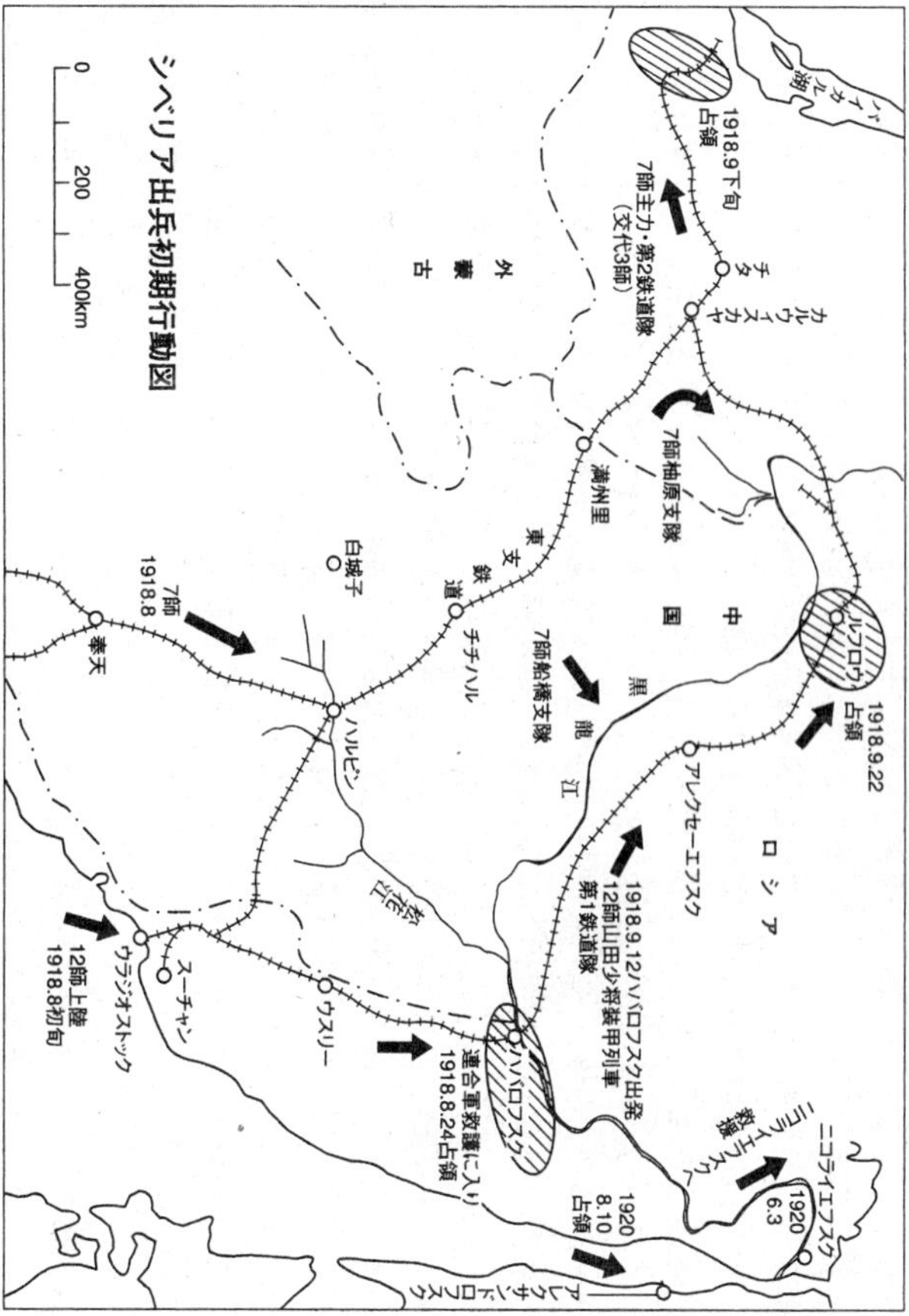

シベリア出兵初期行動図
0
200
400km
バイカル湖
1918.9下旬
占領
7師主力・第2鉄道隊
(交代3師)
チタ
カルイスカヤ
外蒙古
7師柚原支隊
満州里
中国
東支鉄道
白城子
7師
1918.8
チチハル
奉天
7師船橋支隊
黒龍江
1918.9.22
占領
ハルピン
アレクセーエフスク
ロシア
1918.9.12ハバロフスク出発
12師山田少将装甲列車
第1鉄道隊
松花江
スーチャン
ウスリー
ウラジオストック
12師上陸
1918.8初旬
ハバロフスク
連合軍救護に入り
1918.8.24占領
ニコライエフスクへ
救援
ニコライエフスク
1920
6.3
1920
8.10
占領
アレクサンドロフスク

千人、イギリス軍八百人、フランス軍二千二百人、そのほかに辛亥革命でごたごたしていた中国からも一千五百人が参加する予定になっていた。全隊を指揮する連合軍司令官は、日本の大谷喜久蔵大将であった。後に、少数のイタリア、ポーランド、セルビア、ルーマニアの各軍もこれに加わっている。

早い時期に上陸していた英仏軍は一部のチェコ・スロバキア軍の収容に成功して、その兵とともに、ウラジオストック北二百キロメートルほどのところで共産革命軍と戦っていた。八月に入ってまもなく日本軍もウラジオストックに上陸したが、英仏軍の要請に応じて、かれらの戦線まで進出した。これを知った革命軍は、英仏軍との戦闘をやめて列車で退却している。これからいよいよ、日本軍の、列車を利用してのシベリアでの戦闘がはじまる。

このときは日露戦争のときのように日本式の資材を持っていったわけではなく、ロシアの軍用列車を手に入れて、逃げる敵を追撃した。列車で逃げる敵を追撃するのだから、最初は騎兵聯隊が活躍した。やがて騎兵聯隊が、奪った相手の列車に乗って三百キロメートルを突っ走り、ハバロフスクに侵入している。

ハバロフスクを守っていた革命軍は、慌《あわ》てて大砲や弾薬のほか多くの列車、機関車を放置してシベリア奥地に逃走した。黒龍江沿岸には二十七隻の船も残されていた。

第十二師団は有蓋貨車を主体とする八十両以上の列車車両と船に分乗して、革命軍を追った。相手はドイツ軍捕虜も混じっている約一万人の混成軍であった。別の地域には二万人以上が、集結しているはずである。ただ地形上、鉄道と黒龍江を離れると補給、輸送ができないので、敵味方ともに行動に制約があった。

革命軍は、アメリカの南北戦争で使われ、当時のヨーロッパでも使われるようになっていた装甲列車も利用している。防弾装甲が施されている機関車が牽引するものである。日本軍先遣隊はこれを分捕って利用した。

列車の前後に連結している貨車二両は、周囲に張った厚板のあいだに砂を詰めて防弾用とし、機関銃や野砲を搭載できるように日本海軍の工作兵に依頼して、応急の戦闘車につくりかえてある。その前方には弾除けと敵の妨害があったときの犠牲用に、枕木などを満載した無蓋貨車を連結していた。

日本陸軍は明治四十年に交通兵旅団を編成して、鉄道部隊がその主力部隊になっていた。これがシベリア出兵当時は交通兵団に昇格していて、その鉄道聯隊が、戦地での鉄道運用や線路・車両などの修理にあたることになっていた。

第一次大戦ではすでに、初期の青島攻略のときに臨時鉄道聯隊が活躍していた。大戦末期からのシベリア出兵では、最初は二個鉄道隊が活動していたが、まもなく各隊が鉄道大隊になり、吉田勇鉄道聯隊長のもとで、シベリア鉄道の復旧と戦闘運用にあたっている。ただ機関車の運転は、日本兵監視のもとでロシア人機関士にさせるのを原則にしていた。

革命軍は撤退時に鉄道橋を破壊し、トンネルは、列車を転覆させたり、一部を破壊したりして列車の通行ができないようにしていた。

そのなかで、列車を運行するのも、橋やトンネルを復旧するのも鉄道聯隊の仕事である。

鉄道装甲車に乗って、まだ戦闘が行なわれている場所で脱線車を排除したり、レールを補修したりすることもしなければならない。敵の鉄道装甲車と戦闘をすることもあった。列車の先頭・後尾の貨車に乗り、日の丸の旗を振って運行連絡にあたるのは鉄道兵である。列車どうしの連絡や後方との連絡などをする伝令代わりに、蒸気機関車が使われた。

このように鉄道兵は忙しかったが、そのうちに復旧の仕事は、一般の工兵も手伝うようになった。

青島攻略のときは陸海軍航空機が偵察用として初めて使用されたが、シベリアでも複葉の陸軍機が線路上を偵察して、破壊箇所などの情報をもたらしている。

「おっ、飛行機だ。旋回している」

「何か落としたぞ。拾ってこい」

落とされたのは通信連絡用の筒である。中にメモが入っている。

この連絡により、中隊長が命令を出した。

「前方十キロで、敵が橋を破壊中である。本隊は直ちに前進して、敵を放逐し、橋を確保する」

命令により、装甲列車は直ちに現場に到着して、破壊寸前の橋を確保し、爆発物を取り除いた。

こうしてウラジオストック上陸後、四十五日間で、第十二師団はバイカル湖までの革命軍を掃討して当面の目的を達成した。その後、交代師団が到着して警備にあたるが、大正八年六月に第一次大戦の講和が成立し、米英軍などがその後比較的早い時期に撤収した後も、日本軍は鉄道の警備を続けた。革命軍の動きがやまず、撤兵の時機を失したのである。

そうしているうちに大正九年三月に、樺太に近い黒龍江口のニコライエフスクで、日本軍守備隊と日本人居留者合計七百人以上が包囲され、休戦申し入れにだまされて、革命軍に全員が虐殺される事件が起こった。

そこで日本は、この損害賠償代わりに報復として北樺太を占領した。このときも鉄道隊が派遣されて、上陸地アレクサンドロフスクから七十一キロメートルの軽便鉄道を敷設している。

工事は大正九年八月に始めたが、冬季は工事を中断して、翌年十月に敷設を終えた。山あり谷ありのところに近くで切り出した丸太で基礎を組み立てるのだから、難工事である。

おまけに人夫三千人の半数は、東京で適当にかり集めてきた荒くれ男たちであり、それを二百人ほどの鉄道隊の下士官兵が指揮して工事をするのだから、なかなか統制がとれない。服装・寝具・炊事具は人夫が携行することになっていたが、浴衣がけのものもいるありさまで、下士官たちの苦労が多かった。

日本軍のシベリアの駐留継続については、その後、外国から非難され、大正十一年十月についに沿海州からの撤退を最後にして撤兵したが、北樺太への駐兵は、大正十四年五月まで続いた。それまでこの軽便鉄道が、占領軍の後方補給の足として役立っている。

シベリアからの撤退時も鉄道聯隊が活躍し、ウラジオストックでは、列車を宿泊所として利用することもした。また撤退までロシア人の一部の鉄道技師たちを鉄道聯隊の列車運用に協力させていたが、そのままにして撤退すると革命軍に殺される恐れがある。聯隊長はかれらとその家族を撤退の列車内に隠して、ハルピンなどに移動させており、あとで感謝されている。

日露戦争に続くシベリア出兵のこのような体験が、日本陸軍を戦地での鉄道利用に習熟させたのであり、内地だけの輸送ではできない実地訓練になった。大正七年十一月に制定され、その後、部分改正された陸軍の「交通教範」は、内容の半分が戦地での鉄道の建設・修復と敵の鉄道の破壊についてのものである。これが満州事変以後も使われたのであり、シベリア出兵から得られた教訓も含まれているといってよかろう。

ヨーロッパでの第一次大戦と鉄道

これまで述べてきたとおり、戦時の鉄道利用の第一人者はドイツ陸軍であり、第一次世界大戦がはじまったときは、フランス方面に向かう鉄道は十三条に増えていた。普仏戦争のときから四条増加していたのである。主要鉄道は国有化され、私営鉄道も厳しい軍の統制を受けていた。

日本陸軍がドイツ方式をまねて、鉄道を国有化の方向に誘導したことは前に述べたとおりであるが、ドイツはもっと徹底していた。おかげで、一九一四年八月六日にドイツ軍のフラ

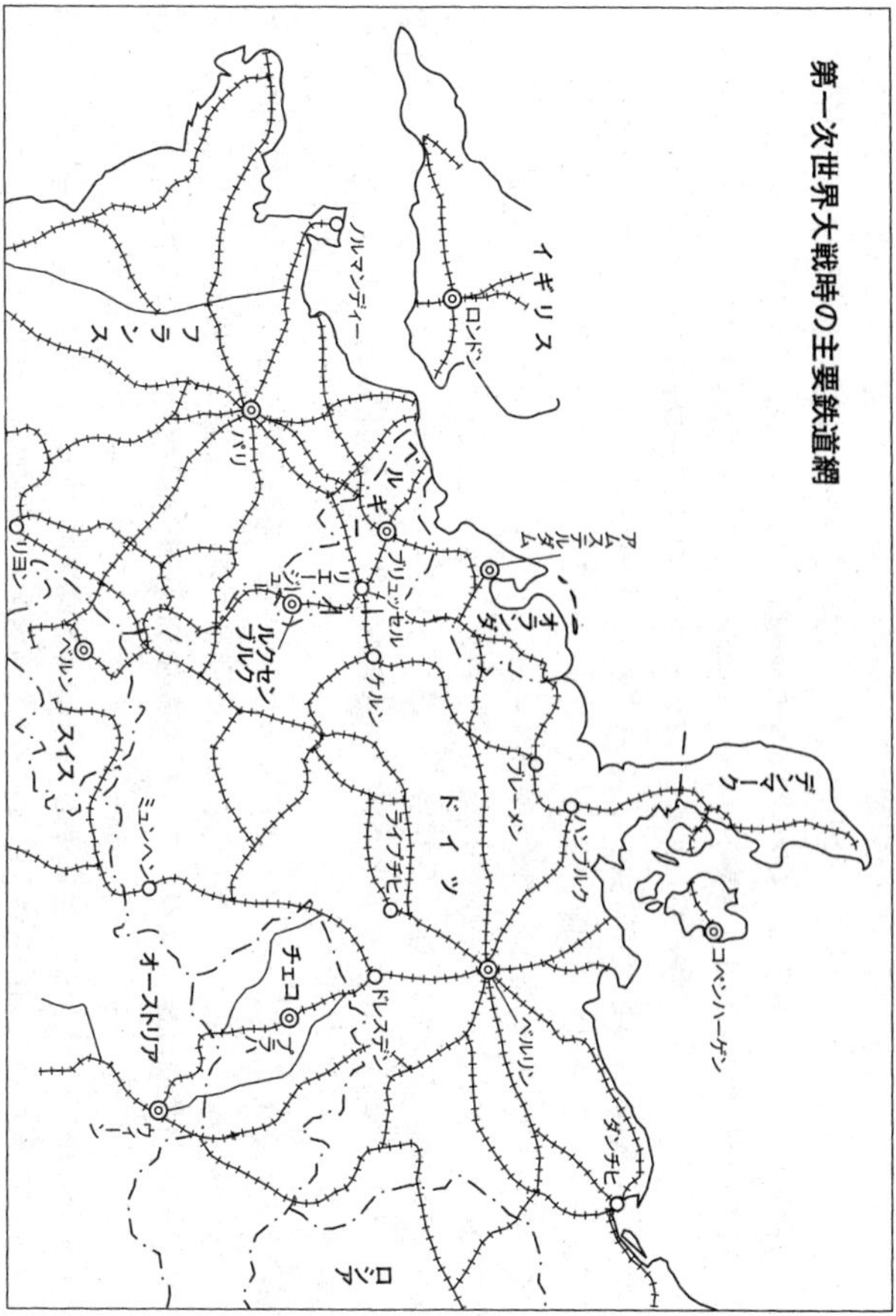
第一次世界大戦時の主要鉄道網
イギリス
ロンドン
ノルマンディー
フランス
パリ
ベルギー
ブリュッセル
アムステルダム
オランダ
リエージュ
ルクセンブルク
ケルン
リヨン
ベルン
スイス
ミュンヘン
ドイツ
ライプチヒ
ブレーメン
ハンブルク
デンマーク
コペンハーゲン
ベルリン
ドレスデン
プラハ
チェコ
オーストリア
ウィーン
ダンチヒ
ロシア

ンス・ベルギー方面国境への移動集結が始まってから、八月十七日に集結展開が終わるまで、一日五百五十本の列車が第一次世界大戦の準備のため西に向かったが、大きな混乱はなかったのである。

しかし、普仏戦争当時の参謀総長モルトケはすでに亡くなり、あとを継いでいたシュリーフェンもフランス攻略の計画だけを残して開戦直前に亡くなっていた。シュリーフェンが残した計画によりフランス攻略の采配を振るったのが、モルトケの甥で小モルトケと通称されている参謀総長であった。

小モルトケは、主力を迅速にベルギー方面から侵入させるというシュリーフェンの計画を、その兵力を削減する弱気なものに変えていたので、緒戦の迅速さに欠ける結果になったと批判されている。そのためもあって、ドイツ軍がフランス・ベルギーに攻め入ってからの作戦行動には、列車利用に関するかぎり、普仏戦争で得た戦場の教訓は生かされていなかった。

それでもドイツ軍は、フランス軍の手薄なところを狙ってフランス・ベルギー内に侵入したが、やがて戦線が固着し、塹壕線になってしまった。ただ後方の鉄道輸送は、鉄道国有化によって改善されていたので、第一線の兵士が飢えることはなかった。

フランス軍の鉄道利用は相変わらずであり、イギリス軍がフランス救援のためにやってきたが、兵員輸送も軍需物資の輸送も、鉄道職員ではなく慣れていないフランス軍人が統制していたので、手際が悪く混乱したという。

英軍用の軍需物資は本国からは十分すぎるぐらい発送されていたが、フランス内の輸送と貯蔵の組織が混乱していてどうにもならなかった。そこで、イギリスから鉄道の専門家をフランスに派遣して改善させた結果、当面の支障がなくなったことを、イギリスの軍需相、陸相を務めたロイド・ジョージが回想している。

イギリスの鉄道の専門家が改善したのは、港から広軌鉄道により前線後方に運ばれた軍需品を、狭軌の軽便鉄道で第一線に届けることであった。この目的で最初に建設された軽便鉄道の延長距離は一千六百キロメートルである。

フランス・デュエッペ付近の墓地の前を通る鉄道

イギリスは戦争終結までに、戦場に六千五百キロメートルにも及ぶ線路を敷いている。

そのほかにイギリスは、イギリス軍専用の標準軌道鉄道を戦場後方に敷設している。これも最初の計画分だけで一千九百キロメートルに達していた。もちろんレールだけでなく、機関車も貨車も停車場も付属の倉庫もついている。

このような努力により、イギリス軍の補給・輸送の問題は解決された。

もうひとつ書いておかなければならないのは、列車砲である。ドイツ軍はもちろんのこと、イギリス軍やフランス軍も列車砲を保有していたが、特に活躍したのは、クルップ社製のドイツ軍のものであった。これは大砲の製造で有名なクルップ社が開戦後に計画製造したものであり、初期のものは列車で運搬後に、地上に砲床を組み立てるものであった。しかしまもなく、発射時にレール上を後退して、反動を吸収するものに改められた。

なお列車砲も、装甲列車も、歴史上最初に使われたのは、アメリカの南北戦争のときらしい。

特別の車台の上に据えつけられた列車砲は、小さいものは口径十七センチの野戦重砲であり、戦艦の大砲を転用した二十八センチ砲や最大口径三十八センチの要塞用の砲もあった。これはベルギー内の要塞攻撃にも使用されている。鉄道は重い大砲を運搬する道具としては最適であった。最後には、パリの北東百キロメートル付近からパリを砲撃した口径二十一センチの長距離列車砲も現われた。

なお日本陸軍も、第一次大戦後にフランスから二十四センチの長距離列車砲を輸入して、最初は東京湾要塞砲として配備した。後に満州で列車砲として正式に運用されることになり、関東軍が三門保有していたが、実戦で一発も打つことなしに敗戦の日を迎えている。

こうして時間の経過とともに、フランスの戦場内の鉄道がドイツ本国と連接されて、鉄道が後方輸送だけでなく戦場の道具として使用されるようになったが、戦争の初期の戦場では、輸送にも戦闘にも、馬が活躍する場面が多かった。

しかし戦争は四年間も続き、国家総動員を必要とする総力戦になったので、時間の経過とともに新しい兵器や道具が出てきて戦場のようすが変わった。飛行機、戦車、潜水艦、毒ガスが実用的な兵器として活躍し、輸送も自動車が馬にとって替わった。

鉄道は最後まで重要な輸送手段ではあったが、航空機の出現で、空からの攻撃を受ける危険性についての配慮が必要になった。そのいっぽうで、艦砲射撃されることを恐れて、鉄道を沿岸に敷設するのを避けることは、意味がなくなっていた。列車砲も、射程が長く機動性があっても、空からの爆撃にとって替わられる場合が増えた。また砲自体が空からの攻撃を受けやすいので、活躍の場が狭くなっていった。

第一次世界大戦時、列車で出征するドイツ軍兵士

日本は第一次世界大戦で、このような大規模地上戦や国家総動員戦、さらには新しい兵器による戦闘やトラック輸送を経験しなかった。もちろん国内が戦場になることもなかった。

軍は体験に代わるものとして、戦争中からヨーロッパの戦場調査をしてはいたが、その結果を軍備に反映することは経費の関係もあって難しかった。軍当局は航空機、空母、潜水艦、戦車、毒ガスといった新兵器を装備することに努めたが、限度があったのである。

また、軍の計画当事者が状況を理解していても、国民は遠いヨーロッパの戦場のことを肌身で体験したわけではない。下級将校や下士官兵も同様であったので、新しいものを取り入れることに積極的ではなかった。それどころか軍人は、戦後の世界的な軍縮の雰囲気のなかで世間から疎《うと》んじられる存在になったのであり、国民が軍備の強化・近代化を後押しすることはなかった。

大戦後の大正十四年に行なわれた陸軍軍縮で、陸軍省が四個師団を削減して浮かせた経費で、陸軍航空部隊や戦車隊を編成したときは、担当の宇垣一成陸相が、一部の将校たちから国賊呼ばわりされている。陸軍将校さえも、旧式師団を減らして行なう陸軍の近代化には冷淡であった。

海軍も大正十一年に米英仏伊五ヵ国の主力艦削減交渉をしたとき、担当の海相加藤友三郎が全権として交渉の任にあたり、内外の板挟みにあって苦労している。交渉の結果、日本の対米、対英の主力艦保持率が七割をわずかに切ることになったため、日本が不利になったとして、加藤は多くの軍人や国民の一部からも非難された。

そのような世間のなかで軍人は肩身が狭くなり、陸軍士官学校や海軍兵学校を卒業して将校になろうとするものの数が減った。

「オイそこの将校、刀が邪魔だ、どけどけ」

と、電車のなかで酔っ払いに絡まれることも珍しくなくなった。

こうして軍の近代化は進まず、それが次の世界大戦のときの日本の兵器発達の遅れにもつながった。だが日本国民一人当たりの所得が、日米開戦時でアメリカの一割にも満たなかったのであるから、軍備よりも人々の生活のほうが重視されたのはとうぜんであったろう。

鉄道については、生活や経済活動に直結する道具であるのでそれなりの発達がみられたが、鉄道に依存しすぎた交通政策のおかげで、道路の発達と自動車の発達が遅れてしまい、軍事上も好ましくなかった。

アラビアでの鉄道破壊工作

第一次世界大戦のもうひとつの戦場は、中近東であった。開戦三ヵ月後に、トルコがイギリス・フランスに宣戦をされ、イギリスはキプロス島を併合し、エジプトを保護国にした。これらの地域のほか中東は、当時トルコの支配地であったが、イギリスはこの機会に、ここを支配しようとしたのである。この地方の各地の王族たちは、トルコの支配から抜けたいと思っていたので、イギリスはかれらを利用した。

中東はイギリスにとって、スエズ運河によるインドとの連絡路として重要であり、重油を使いはじめていた軍艦の燃料供給地としての価値も出はじめていた。

そこで、そのような目的を達成するための一つの手段として送り込まれたのが、有名な「アラビアのロレンス」であった。

かれはオックスフォード大学出であり、大戦が始まってまもなく英陸軍省の地図班に採用されて少尉になり、シナイ半島で調査活動をはじめた。ロレンスは正規の軍人ではなく、見かけも貧相であったが、学生時代にアラブ地域に入り込んで旅をしており、アラブ人の風俗や習慣に通じていた。

当時、中東のアラブ人のなかに、イスラムの聖職者フセインがおり、その子供に、ファイサルをはじめとして、ほかに三人の息子がいた。

トルコの君主はアラブを支配下に置いてはいたが、何か機会があればアラブ人は反乱を起こす恐れがあったので警戒していた。

イギリスは戦争中の食糧問題を契機にして、そのようなアラブ人を利用し、トルコに反旗を翻《ひるがえ》させた。フセインたちはイギリスの援助を受けながら、トルコ軍と戦った。そのなかで、大尉になっていたロレンスがフセインたちを助けることを命じられて、ファイサルと会い、その八千人の戦闘集団の顧問的な地位で、行動をはじめた。

アラブの兵たちは、遊牧民の延長のいわばゲリラ兵であり、トルコの正規軍と正面から戦う能力はもっていない。そこでロレンスは、トルコ軍の兵站線《へいたんせん》（補給・輸送線）を主として攻撃することにした。なかでも鉄道の破壊は重要であった。火薬の扱いを知らなかったロレンスは、専門家の英大尉から、ダイナマイトによる鉄道破壊の方法を学んでいる。また行動中はアラブ人と同じような服装をし、駱駝《らくだ》に乗った。

当時トルコは、シリアのダマスカスからヨルダンを経て、聖地メジナにいたる巡礼鉄道で、軍隊の補給をしていた。この鉄道は、ベルリンからトルコのイスタンブールをへて、アラビア半島にいたる意図で、ドイツが援助をして建設された路線である。ロレンスたちはその鉄道を狙った。

　ロレンスがダイナマイトを仕掛ける場所を指示している。

「あそこに低い山の尾根がある。線路はあそこでカーブしている。わかるか」

「ああ、わかる。山から接近できるな」

「もうひとつ大切なのは、あの後ろに小さな鉄橋があるな」

「あれを爆破するのか」

「そうだ。カーブのところと橋と両方にダイナマイトを仕掛ける。発火用の電線は、山のほうに伸ばすことができる」

　こうしてダイナマイトが仕掛けられ、発見されないように地面を刷毛でならすことまでされた。

　やがて列車が近づいてくる。車上では警戒兵が、ときおり射撃をしながらやってきた。十両の客車を二台の機関車が牽引している。二番目の機関車が橋にさしかかったところで、ロレンスは手を挙げて発火の合図をした。

「ドカーン」という音とともに、機関車が破壊された。さらにアラブ人の射撃と砲撃が列車に向けられ、しばらくの戦闘の後に砂漠は静かになった。

　このようなゲリラ戦を戦い抜いたロレンスは第一次大戦が終わってからロンドンに帰り、パリの講和会議でファイサルの通訳として、アラブをアラブ人の国にすることに努めた。しかし結果は、イギリスとフランスがトルコにとって代わったのと同じになり、フセインたちには形式的な地位しか与えられないまま、会議は終わった。

そのような、ヨーロッパの自分本位の帝国主義的政策の結果が、現在に持ち越されて中東の混乱が収まらないのは、見てのとおりである。

鉄道は、第一次世界大戦までは機動力を発揮したが、以後は、戦場での軍隊移動の手段や装甲列車・列車砲のような兵器の一部としての価値が小さくなっていった。奇襲的な移動攻撃は、戦車や空挺部隊で行なうようになり、無限軌道が発達したことで、装甲車や戦車、自走砲が列車以上の役割をはたすようになったからである。

ただ陸地での輸送手段としては、列車は大量輸送に適していたので第二次世界大戦期にも使用された。特に日本のように自動車の数が少なく、燃料の石油生産がほとんどない国では、蒸気機関車が牽引する列車は、効率的な輸送手段としての価値があった。

第四章　国家総力戦に貢献した鉄道技術

大正末までに一応整った鉄道

明治三十九年制定の鉄道公有法によって日本国内の幹線だけでなく、朝鮮半島の幹線も公有化された。さらに大正九年の鉄道省発足で、戦時を意識した鉄道の国家管理の体制がほぼ整ったことは、これまでに述べてきた。地方の発展のための地方鉄道法も大正八年に制定され、地方は軽便鉄道が多かったとはいえ、大正末には、全国で鉄道の恩恵をこうむらないところはないと、いえるほどになった。

文豪森鷗外は陸軍軍医であり、軍医のトップの軍医総監の地位まで登っている。かれは陸軍から医学の留学生として派遣されて、ドイツの軍用鉄道が全盛時代であった明治二十年前後の四年間を、ドイツのベルリンで過ごしている。そのような鷗外は、鉄道の価値をよく知

昭和30年頃の津和野盆地(上)と現在の津和野

っていた。ドイツからの帰路にロンドンにも立ち寄り、地下鉄に乗って驚いたことを記している。

かれの故郷は山口県と島根県の境界にある小盆地の津和野である。交通が不便なところであるので、少年時代に家族とともに東京に出てきてから一度も帰郷しなかった。現在、山口線をＳＬが観光用に走っているが、津和野がＳＬの終点になっている。その先の山陰線の益田まで行くには、ディーゼル車に乗り換えなければならない。

瀬戸内海側を基点とする山口線は大正十一年八月にようやく津和野まで延びたが、鷗外はその一ヵ月前に亡くなった。「津和野まで鉄道が敷かれて便利になったら、一度帰ってみる」と、鷗外は地元の人と約束していたが、その約束は果たせないままになった。山陰線が京都から益田まで通じたのは、大正十二年の末である。

そのように鉄道が敷かれたのが遅いところもあったが、遅れた大きな原因は、地形が険しく、トンネルを掘り、橋をかけなければならない土地であったからである。そのような土地に、敵の大軍が上陸してくることは考えられない。そのためどうしても工事が後回しになってしまう。

益田市内を通る山口線。大正12年に益田駅まで開通

山陰線が京都を起点にして日本海の沿岸を通り、陸軍の大御所であった山縣有朋の故郷である萩を通って仙崎を経由し、下関（幡生）まで延びたのは昭和八年である。もっとも山陽線側と萩の連絡は、仙崎から美祢《みね》線経由で厚狭《あさ》に出る線として大正十四年にできあがっていたが、これは副次的に開通したものであった。

美祢線は途中の大嶺炭鉱が軍艦用に使う無煙炭の産地であったので、日露戦争がはじまってから、山陽鉄道が海軍の要請で突貫工事をして、明治三十八年九月に山陽線厚狭から大嶺炭鉱まで開通させていた。それを萩まで延伸したのである。

長州閥は、かれらの出身地萩の面倒はあまり見なかった。かれらの幕末の活動拠点が、藩庁とともに山口に移っていたことも影響していよう。一時は、山口に置かれていた県庁を小郡《おごおり》などの瀬戸内海に面したところに移転させる案さえ、出てきていたのである。
おかげで萩は大きく破壊されることもなく、今でも、古い歴史の面影を残しているのであろう。

丹那トンネル開通

鉄道建設の初期には、工事費がかかるトンネルを必要とするルートは、できるだけ避けていた。東海道の、「箱根の山は天下の嶮」と歌われていた一千メートル以上の山地に鉄道を通すことは、できるだけ避けなければならない。そこで御殿場付近を通る北回りの線路になったことは前に述べたが、それでも一千メートルにつき二十五メートル登る鉄道の限界勾配に近くなっていた。

アプト式という歯車を使う路線の碓氷峠越えは、一千メートルにつき六十五メートルぐらいであるので、最高所で標高四百五十メートルという御殿場越えの高さは、たいしたことはないと思われるかもしれないが、機関車にとっては、大変な勾配を登るルートであった。

第一次世界大戦の間の好景気は、鉄道の改良を容易にしたのであり、あちこちでトンネル貫通による線路付け替えや、複線化が行なわれた。御殿場付近にもトンネルが増えている。東海道線は大正二年に複線化していたが、その他の線でも複線化が進んだのである。また大正十四年には、東京駅から横須賀までと国府津《こうづ》までの、電化が終わっている。東京内の各線の電化は、国鉄・民営鉄道ともにそれまでに終わっていた。

京都から大津への路線の、新トンネルによる経路変更や東北線白河付近の橋やトンネルの新設による経路変更は、大正時代に手をつけられた。そのなかで最大の工事であったのが、丹那《たんな》トンネルの工事であった。箱根山の南を通るこのトンネルが完成すると、東海道線が十一キロメートルの短縮になる。

工事は大正七年に始められた。しかし、地質が火山性で事前の調査が行き届かなかったことと、その結果として、丹那盆地の下を掘り抜くことにしたのが悪かった。

工事は出水に悩まされてなかなか進まなかった。シールド工法という、防水剤を注入し型枠で周囲が崩壊しないようにして固めながら、掘削《くっさく》現場で組み立てた別の枠を前方に押し出して掘り進む方法と、空気圧をかけて水の流出を抑えながら掘り進む工法を併用していたが、滝のような出水を抑えるのは難しかった。

大正十年四月一日の朝、東口から三百メートルのところで、大きな落盤が起こった。作業員三十三人が生き埋めになったり閉じ込められたりして、十六人の死者をだしている。

こうして全長七千八百四メートルのトンネルが、ようやく完成したのが昭和九年十二月であったが、犠牲者は、総計六十七名、費用は最初の予定の三倍、二千四百六十七万円に達した。しかしこの経験が、トンネル掘削の技術を大きく進歩させ、海底をくぐる関門トンネルの工事を可能にした。

また東京・下関間の輸送距離を短縮して、シナ事変後の国家総動員の時代に、軍需だけではなく国家の産業基盤物資の輸送の能率化にも貢献した。なお昭和九年に、山陽線の岩国・徳山（櫛ヶ浜）間を結ぶ直線路も開通し、それまでの柳井回りの海岸線を通らずにすむようになったので、丹那トンネルの開通と合わせて、東京・下関間が急行列車で、一時間二十分も時間短縮になっている。

関門トンネルの計画と工事

明治四十五年に、新橋、下関間の特急列車が運行されはじめたが、二十五時間以上かかっていたのであり、さらに時間を短縮する要望があった。その後大正年間に、これまで述べたような線路の改良や付け替えが行なわれた結果、大正十四年の改正時刻表では二十時間を切るようになり、下関、釜山間の連絡船を介して、朝鮮半島から満州をへてシベリア鉄道に接続する国際列車が本格的に検討されるようになった。

列車乗り入れではないものの国際連絡輸送がこの経路ではじまったのは、昭和二年の夏であった。大陸内のゲージは、百四十三・五センチの国際標準ゲージに統一された。さらにその先の日本列島との連接には、対馬海峡・朝鮮海峡を海底トンネルで渡る計画もあり、その予備段階として、関門トンネルが計画されはじめた。

このアイデアは明治時代に後藤新平が鉄道院総裁として出したもののようだが、大正三年ごろには資料集めがはじめられていた。さらに大正七年春には、帝国議会で工事の調査開始が認められたが、関東大震災のために、工事の実施が保留されていた。

満州事変後の昭和九年の初めに、それまで満州国の執政を名乗っていた溥儀《ふぎ》を、皇帝の地位に据えて満州帝国が発足したが、蔣介石政権の中国政府は、奉天と北京・天津間の鉄道運行を認めるなど、満州帝国を認めるような行動に出ている。

ソ連もソ連に権利がある北満州の鉄道を日本に譲渡する姿勢を見せだした。実際に、昭和十年にこの鉄道（東清鉄路）は満州国に譲渡され、満州国から鉄道の運用を委託された満鉄が、ゲージを国際標準広軌のものに改修して運用をはじめている。

中国の共産軍は、いわゆる長征をはじめていて長距離移動中であり、日本のそのような策謀の結果に介入する余地はなかった。

こうして日本が満州帝国の影の支配者として、関東軍と満鉄を使用して満州で力を振るいはじめてから、北海道から東京、下関、朝鮮半島、満州と続く鉄道線路の建設が夢ではなくなりつつあった。

出水を止めるのに苦労した丹那トンネルがほぼ完成に近づいており、技術的にも見とおしがついていたからである。

関門海峡。対岸に見えるのは門司。シナ事変で工事が急がれ、昭和17年11月に関門トンネルが全面開通した

瀋陽（奉天）に残っている元関東軍司令部の建物

朝鮮海峡を渡るために、豊臣秀吉が遠征の根拠地にした肥前北部（唐津、呼子）からトンネルで、玄界灘の海底百メートル以上の深さに潜る案も出てきていた。壱岐、対馬をへて釜山付近で地上に出るのである。

そのために、その前の段階として関門トンネルを掘ることは、大切であった。技術的にも、当面の成功の可能性が高い関門海峡の海底トンネルから手をつけるのが妥当である。

もちろん関門トンネルだけでなく、青函トンネルで本州と北海道を結び、その先の宗谷海峡の地下をくぐって樺太に渡ることや、瀬戸内海に本州と四国を結ぶトンネルを掘ることも議論されはじめていたが、最初に手をつけるべきは関門トンネルであった。

陸軍もこの方向に賛成である。参謀本部の運輸・通信の担当部長であった後宮淳《うしろくじゅん》少将は、満州の事態が緊迫したときに、日本内地から鉄道でそのまま軍需品を送ることができる海底トンネルに強い関心をもっていた。朝鮮海峡の海底トンネルができるのは先のこととしても、とうじ大陸向けの軍需品の集積は、場所に余裕がある門司と小倉で行なっていたので、その意味でも関門トンネルが必要である。

そこで後宮少将は昭和九年の秋、上司である参謀総長で元帥陸軍大将の閑院宮載仁親王《かんいんのみやことひと》に働きかけて、鉄道大臣内田信也以下の鉄道省幹部に関門トンネル建設を促進する措置をとった。

内田は昭和十年に昭和天皇に、関門トンネルの計画について上奏している。

唐津市街。肥前北部(唐津、呼子)から海底トンネルを掘り朝鮮海峡を渡って満州への直通路を造る計画があった

その翌年二月に建設のための予算が帝国議会で承認され、九月には門司側で起工式が行なわれた。

トンネルは上下線それぞれが別になっていて、二本掘らなければならなかった。そのほうが技術的に容易であるという理由からだというが、戦時に被害を受けた場合も、そのほうが復旧のために便利である。最初の一本を掘る予算は、一千六百十二万円であり、長さが丹那トンネルの半分ということもあって、丹那トンネルの建設費よりもはるかに安かった。

技術的には、それまでのトンネル掘削技術の延長線上にあるので、大きな問題はなかった。

昭和十二年七月にシナ事変がはじまり、そのために国家総動員の態勢がとられると、関門トンネルの掘削も、大陸への輸送の態勢をつくりあげるために工事が急がれる。

こうして昭和十六年七月に下り線が開通し、翌年六月に上り線も完成して、電気機関車によるトンネル走行がはじまった。正式の開通は十一月である。

大陸をめざす弾丸列車の計画

こうして関門トンネルが完成すると、つぎの段階では朝鮮半島を経て満州への直通路線の建設問題が本格化する。しかし、関門トンネルが三・六キロメートルであったのにたいして、朝鮮海峡トンネルは百三十キロメートル以上になるので、すぐに手をつけるわけにはいかない。

そこで次にはじめられたのが、東京から下関を結ぶ鉄道を改善し、下関・釜山の国鉄連絡船を利用して大陸にいたる、連絡の時間短縮と、国際標準ゲージである広軌統一ゲージによる運用を図ることであった。

広軌と狭軌の問題は国内での必要性とトンネルなどの改造費用の点で、国内線を広軌に変更する必要はないというのが鉄道省の公式な態度になっていたが、鉄道技術者のなかには、広軌に関心をもつものがいた。

軍も、広軌にすれば輸送量が倍増するので、明治以来、ドイツ流の広軌を推奨している。機関車の大きさが倍増し、とうぜんのこととして牽引する車両数も増え、速度を出すこともできるので、戦時に増加する軍需輸送に対応することができるからである。

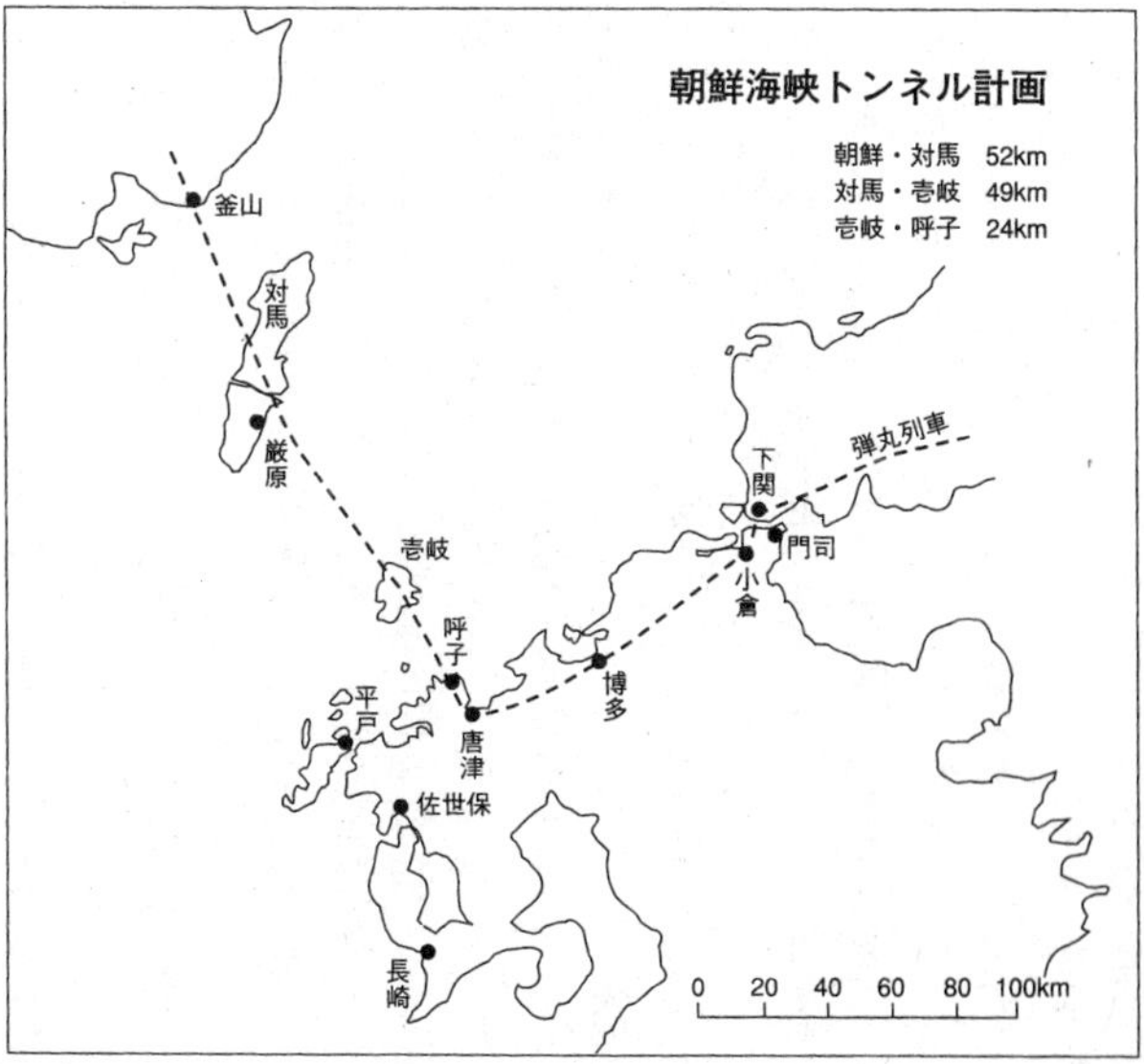

また、トンネルの最大幅が狭軌単線用だと四・五メートルしかない、それも安全に通過できる幅は二・二メートルであり、戦車など大型の兵器を輸送するときは、トンネル幅を調べておかなければならなかった。

このことは自衛隊にも受け継がれ、つぎのような話があった。

「今度の戦車の幅はどのくらいにする予定か」

「三メートルをちょっと切るぐらいで考えております」

「戦争中に、シベリア用の伐開機であったと思うが、試験のために輸送する段になって予定の線路を通すことができないことが分かった。トンネルの幅が狭かったからだ。そこでやむをえず日本海回りでようやく運んだことがある。戦車は敵の上陸地点に列車で輸送せねばならん。そのあたりの配慮をしてもらいたい」

戦車のような重量物を鉄道で輸送するときは、路盤の強度や、鉄橋の幅と強度が問題になる。

トレーラーで道路輸送をするにしても、同じような問題がでてくる。その意味で狭軌の鉄道は、軍事用としては、あらゆる意味で問題があることになる。

とくに自衛隊のように、国内での防衛戦を任務の主体にしている組織は、辺鄙《へんぴ》な土地に移動するために単線鉄道を使わなければならない場面も、出てくると考えられるからである。

狭軌か広軌かの選択に影響するのはそれだけではない。広軌なら、内地を走った広軌用の列車を、乗客と貨物を積んだままレール付きの連絡船に乗せて釜山に渡し、朝鮮半島内の広軌で、満州を経て中国に乗り入れることもできる。最終的にはシンガポールまでつなぐ考えもあった。

釜山・北京間の広軌を走る豪華特急列車は、昭和十三年十月に運行がはじまっていた。北京行きのこの列車の愛称を、「大陸」とか「興亜」といった。そのころ、同じように釜山から満州に乗り入れていた急行は、「ひかり」「のぞみ」といった愛称がつけられていた。

現在の東海道新幹線に、公募の結果とはいいながら同じ名称の列車が走っていることは、当時の願望がやっと実現した結果であることを示している。

それはともかくとして鉄道省は、とりあえず区間を東京・下関の間と決めて、広軌の新しい路線を設けることになった。大正三年の末に東京駅が完成しており、始発駅はそこになる。
この弾丸列車と通称された新幹線の増設計画は、鉄道省内に設けられている企画委員会の分科会で昭和十三年末に調査がはじめられ、昭和十五年一月に鉄道大臣から鉄道会議に計画が諮られて承認された。

計画された新幹線鉄道は、広軌で大陸のものに接続できる複線である。時速は最高百五十キロメートルであり、客車は九時間で東京・下関を突っ走る。停車場は十八ヵ所だけである。当時としては他に比べるものがない高速であったので、弾丸列車と呼ばれるようになった。

弾丸列車の貨物車は、一列車が一千二百トンを輸送できるように計画された。これはそれまでの、一列車最大で一千トン未満の輸送を大幅に上回るものではないが、それでも東京・下関間の貨物列車が輸送に五十時間かかっていたのに対して、その半分以下の時間ですむのであるから、改善といえよう。もちろん、新幹線完成後も在来線の運行は続けられるので、総輸送量は飛躍的に伸びる。

こうして昭和十七年三月に、弾丸列車専用の新丹那トンネルの起工式が行なわれたが、昭和十八年度も終わりになると、戦争の切迫した状況が工事の継続を許さなくなり、工事は中断された。工事の再開は、戦後の新幹線計画がはじまってから

松代大本営の地下壕工事現場

である。

工事中断で仕事がなくなったトンネル掘削の現場の技術者たちは、昭和十九年七月に決定された大本営を信州の松代に移転させるための、地下壕工事に動員された。国鉄の技術者たち約百人が松代建設隊を組織して、丹那トンネルを掘削した経験をもつ西松組の職員たちと協力しながら、延長六キロメートルの地下壕を掘りぬいている。労働力は、西松組が雇った六千人以上の朝鮮人が主体であった。

賃金は比較的よかったが、労働条件はよくない。ほかに工兵隊や勤労奉仕の一般人もまじっている。

昼夜交代の突貫工事で終戦時には、天皇、皇后の御座所もある立派なものが、半分以上できあがっていた。なお皇太子や皇族方の御所として、ガソリン気動車廃止の影響で廃線になっていた善白鉄道の、長野から善光寺温泉への途中にあったトンネルが利用されている。

このように鉄道のトンネル技術者たちは、それまでに蓄えていた力を発揮して、予期しない形で別の戦争任務についたのである。

第五章　戦争の時代の鉄道政策

逼迫した国内交通事情

日本の対米開戦はもともと、日本を中国から手を引かせるために昭和十六年八月一日に、米ルーズベルト大統領が発した日本への石油輸出禁止令が、直接の引き金になった。現在もアメリカが、テロ支援国などにたいして多用している経済制裁を発動したからである。

とうじの日本陸軍は、大々的に中国大陸に手を広げて戦線を拡大している状況なので、アメリカの要求どおりに中国から撤退することはできない相談である。日本海軍も、そのままの状態だと軍艦や航空機の燃料がなくなり、戦うことができなくなるので、開戦に同意した。

日本は、石油の産出がほとんどない。そのためシナ事変開始後は、石油の消費が制約を受けていた。

粤漢鉄路上の日本軍兵士

昭和十三年四月に陸上交通事業調整法が定められ、バスもトラックも事業の拡大は認可されず、アルコールの混用や薪・練炭を燃やしたときに発生するガスを利用する代用燃料化が進められていた。

バスの運転手は一日の始業のはじめに、車体の後に付いている薪ストーブのような釜に、火を起こして薪を燃やすのが日課になっていた。

「つぎは坂下ァ、次は坂下ァ、お客さんは下車して坂上までバスを押してください」

これが車掌の口上になっていた。代用燃料は出力が弱いので、急坂を、お客を乗せたまま登りきることはできなかったからである。

石炭は国内で生産できたので、蒸気機関車を使うことができる鉄道利用が推進されたが、不必要な路線は廃止された。ガソリン気動車を使っていた一部の軽便鉄道も廃線になっている。

シナ事変の遂行のために昭和十三年に定められた国家総動員法は、政府が人も物も統制することを認めていた。船舶や鉄道の統制は特に重要であり、船舶は陸軍用、海軍用、民需用に分けられていたが、陸海軍の作戦で失われた船舶の補充が追いつかなかった。また昭和十七年後半以後になると、日本近海に米潜水艦が出没して海上交通が危険になった。

そのため昭和十七年十月に閣議決定された「戦時陸運の非常体制確立」要領にしたがって、それまで沿岸海運用の船舶によって輸送されることが多かった石炭などの産業用物資を、鉄道輸送に振り替えて輸送するようになった。鉄道による人の輸送は貨物輸送の犠牲になって縮小され、切符を買うことも制限されて、途中下車はできなくなった。

翌年になると、時刻表改正で旅客列車の本数が減らされ、敗戦の年の昭和二十年三月になると、米軍機の空襲のために運行できない列車も出てきて混乱し、急行列車は東京・下関間の一往復だけが残されている。その急行もかつての普通列車並みの二十四時間以上かかったのである。

こうして鉄道は、バスやトラック、さらに沿岸船舶の輸送を肩代わりすることが多くなり、忙しくなっていっただけでなく、米軍の爆撃や砲撃を受けて運行不能になることも多くなった。

そのなかで鉄道省は、昭和十八年十一月の政府の組織機構改革で運輸通信省に吸収合併された。軍需統制関係は新しく設置された軍需省が担当することになったので、軍需に無関係の鉄道本来の企画事項が少なくなったからであろう。

このとき行政の簡素化の趣旨で、中央行政組織全体で二十九局十三部が整理されている。すべての行政組織が戦争遂行のために編成しなおされ、人と物を国家総動員体制に組み込む機構になっていったのである。

建設国鉄線と買収私鉄線

国家総動員法が制定された昭和十三年ごろはまだ、いくらか国家にゆとりがあった。それを象徴するように関門トンネルの工事がはじまっており、弾丸列車の計画もはじまった。しかし鉄道をつくると鉄を大量に消費するので、戦争に関係がない路線の工事は中断された。標準レールの重量は一メートルあたり三十キログラムなので、十キロメートルの線路で六百トンの鋼材が必要になる。昭和十三年の見積りで、日本の鋼材が年間二百二十万トン不足するという計算があり、六百トンは少ない量ではない。機関車や車両も鉄を消費する。不要不急の線路新設が控えられたのは、やむをえなかった。

熱海と伊東を結ぶ路線は、完成が近くなっていたのでそのまま工事が進められて十二月に完成している。また仙台から奥羽本線に通じる仙山線も、前年十一月に完成していた。盛岡と太平洋側の宮古、釜石を結ぶ山田線は、途中に鉱山があり、その先の釜石で鉄が生産されている。そのため優先的に建設されて昭和十四年九月に開通している。

その後も、鉱山関係の線路敷設は続けられたが、工事が難しいうえに鉱山がない紀伊半島の海岸を走る紀勢線は、東側の工事が中断され、昭和十五年に和歌山市から新宮の近くまでの西半分がようやく開通したところで工事が終わった。とうじ串本に海軍の水上機基地があり、その関係から西側だけは工事が行なわれたのであろう。残りの紀勢線東半分が開通したのは、戦後の昭和三十四年であった。

熊野路で知られている田辺、串本、新宮、尾鷲あたりは、源義経の時代以前から、熊野水軍のような海に生きる男の根拠地になっていたが、海岸沿いの横の連絡路が少ないので、鉄道が開通するまでは、沿岸航路が重要な交通手段になっていた。そのためか海軍の基地はあったが、陸軍の部隊は駐屯していなかった。

昭和９年に開通した高山線。昭和31年当時のもの

その後、戦争中に新しく建設された国鉄路線は、石炭関係の、北九州や北海道の短い路線、ほかに軍施設を結ぶための短い路線がおおい。

呉軍港の近くには各種の海軍工廠があり、昭和十六年に広島から呉に行く呉線の複線化をはじめたのは、軍需資材の輸送のためであったろう。しかし複線化は、戦況の悪化により途中で中止された。

なお呉線は、昭和十年に広まで線路が延伸されていたが、広には海軍の航空関係の工廠ができていたので、その軍需輸送の必要性があったからである。

戦艦「大和」が呉海軍工廠で完成したのは昭和十六年の対米開戦直後であり、昭和十二年に工事が始まっている。工事の秘密を保つために、呉線は工廠側が見えないように塀で目隠しされていた。それだけでなく念をいれて、列車の窓の鎧戸を全部下ろさせていた。造船ドックの上に囲いをつくり、外からは建造中の大艦が見えないようにしてあったが、列車にもそのような目隠しをしたのであり、日本海軍が秘密保持に神経質になっていたことが分かる。

ペリーが上陸した横須賀の久里浜には海軍の施設が多かったので、軍港横須賀と久里浜を結ぶ路線が、昭和十九年四月に完成している。昭和十七年には博多港と香椎を結ぶ線ができたが、香椎に海軍の水上機の基地と飛行機工場があった関係からであろう。

面白いのは、浜名湖の北を通る二俣線である。東海道線は浜名湖の入り口で橋を渡る。江戸時代の東海道だと船で渡ることになっている。そのころ京へ向けて船で渡ったところに新居関があり、女性は特に厳しく検査された。それを嫌って浜名湖の北まで回り道をするための、姫街道と呼ばれる女性用の道があった。二俣線はその近くを通る路線として昭和十五年に全通している。現在は民営化されて、SLが走る天竜浜名湖鉄道になっている。

明治時代の陸軍は軍艦に砲撃されるのを恐れて、鉄道を海岸近くに敷設することを嫌った。ところが東海道線は、浜名湖の入り口で海を渡っているのである。昔の思想を思いだした陸軍は、東海道線の予備の意味もあって二俣線を開通させるように要求したという。

青森県の海軍要港大湊と本州縦貫の東北本線を結ぶ大畑線は、昭和十四年に開通したが、そこからさらに下北半島の北端で北海道に最も近い大間まで線路を延長し、大間から連絡船で対岸の戸井に向かう計画があった。潜水艦や飛行機に狙われる距離をできるだけ短くするためである。

　トンネルが多い区間であるが、突貫工事で半分まで進んだところで、昭和十八年に中止された。現在も、橋やトンネルがそのまま残されている。鉄が不足していたので、鉄橋ではなくコンクリートで造られたアーチ橋である。

　対岸の北海道側の戸井にも函館から線路が延長される予定であり、本州側の工事にあわせて工事が進行していた。ここにもやはりコンクリート製のアーチ橋が残っている。津軽海峡の入り口を守る場所であり、軍の防御施設もあったので、連絡船が着く場所としては適当と考えられたのであろうが、戦争末期には、米軍機が飛来する危険な場所になっていた。

大湊市街(上)。左方には津軽海峡が広がっている。下写真は下北半島の大畑線沿線の風景

　昭和十六年の対米開戦直前の十一月に、陸運統制令が改正された。この勅令は国家総動員法に基づくもので、民営鉄道が実施する重要物資の輸送を政府が統制できるようにしていた。その政府の権限を

さらに強めて、政府は必要があればいつでも、民営鉄道や運送事業を改良・拡張したり合併したりすることに介入でき、事業そのものを管理することもできるようにした。

そのためこれ以後、民営鉄道を政府が管理するために買収することが行なわれるようになった。この勅令改正の直前の昭和十六年内に、富士身延鉄道、白棚鉄道など四社線が国有化されているが、これは大正八年の地方鉄道法の思想である、全国鉄道網を国鉄に一元化する延長で行なわれた買収であった。

富士身延鉄道は中央線甲府と東海道線を結ぶ、富士川沿いの鉄道網形成上の重要な鉄道であったために、軍需輸送量が増えていた時期に買収された。総延長八十八キロメートルと、比較的長かった。

また白棚鉄道は、前に説明したように福島県内の東北本線を改良したときに、東北本線に吸収されずに残ってしまったいわば余計な路線であり、とうぜん経営が赤字になっていた。そのため国の責任を認めて、会社を救済する意味で行なわれた特別の買収であった。

この二つの鉄道は、どちらも昭和十三年に国鉄が借り上げた形になっていたので、それを正式に買収しただけのことであった。

ところが昭和十七年以後の民営鉄道の国有化は、それまでとは意味がちがい、戦争遂行のために政府が直接管理をする目的で買収したのであった。主要な買収鉄道は昭和十八年に北海道鉄道（日高方面）など十一社で五百四十キロメートルであり、宇部、小倉といった炭鉱地帯の路線、伊那、豊川など中部山岳地帯の南北を繋ぐ路線、それに十三キロメートルと短いが、京浜工業地帯の通勤にも使われる鶴見臨港鉄道も含まれていた。鶴見線になったこの線路は、貨物線が多く、乗客も朝夕の工員通勤客が主体であった。

昭和十九年に入ると、東京郊外の南武鉄道、青梅電気鉄道、相模鉄道、九州の西日本鉄道、仙台の宮城電気鉄道、和歌山県の南海鉄道など五百六キロメートルが買収対象になった。なかでも珍しいのは、まだレールが敷設されていない路線で、セメント原料の石灰石輸送に使われる予定の、奥多摩電気鉄道（現青梅線の終点奥多摩付近）まで買収していることである。

富士川沿いにある身延駅。富士身延鉄道は陸運統制令改正前の昭和16年内に国有化された

これは青梅線（青梅電気鉄道）から南武線（南武鉄道）を経由して鶴見線につながる重要な産業路線として買収された。

相模鉄道（相模線）は沿線に陸軍士官学校が移転してきたときから、重要な路線になっていた。

陸軍士官学校はもともと、四谷に近い旧尾張公の屋敷跡にあった。当時は市ヶ谷台と呼ばれていた。ところがシナ事変開戦前後の軍拡で、生徒数が増えて敷地が手狭になり、昭和十二年十月に、本科と呼ぶ後半の教育を担当する学校を座間に移した。現在の米陸軍座間基地がその場所である。このとき座間新戸駅は陸士前駅と改称され、さらに学校の通称が相武台となったので、駅名も相武台下に改められて現在にいたっている。
相模鉄道はそれだけでなく、本土決戦の計画上は重要な路線になったのであり、相模灘に上陸すると予想される米軍を迎え撃つ部隊の移動に役立つはずであった。また相模地方に、工廠など陸海軍の多くの機関が集まってきていたので、その関係の輸送でも重要な機能を果たしていた。

昭和十五年から十六年にかけてガソリン規制のためにガソリン気動車が廃止され、天然ガスによるものがかろうじて動いていたが、気動車の運行は最盛期の二割になってしまった。気動車分一万二千キロメートルの多くは、蒸気機関車に置き換えられている。なかにはそのために、レールを外して廃線になった路線もあった。松代大本営について述べたときに善白鉄道が廃線になったことに触れたが、それがこれにあたる。

昭和十六年の日米開戦直前のことである。

「回覧板でお知らせしたように、今日、町内会で金属回収をします」と、隣組の組長さんが、一軒一軒に声をかけて回っている。

「何を出すのかいな」

「鉄や銅のものなら、なんでも」

「そういったって、家には鍋、釜ぐらいしかないよ、これを持っていかれたら飯が食えなくなる」

「お宅の雨どいは銅のようだから、これを出したらドウですか」

「ナニッ、軒下が濡れてもかまわんというのか」

「竹を半分に割って、その代わりにつけるという手がありますよ」

新入生のランドセルが竹籠のようなものになり、弁当箱も、曲げわっぱのような木箱を使わなければならなくなっていたのだから、組長は冗談をいっているわけではない。プラスチックはまだ発明されていなかったし、あったとしても石油製品なので、一般に出回ることはなかった。

兵器弾薬用の金属が不足していたので、国民は自宅にある不要不急の金属製品を供出させられていた。鉄道も、観光用など軍需物資や鉱物資源の輸送に関係がないものは廃線にされ、金属を供出させられていた。白棚線のような不要線は、その対象になった。伊勢詣でのための旧伊勢電鉄線さえ、国鉄と路線が重複するという理由で廃線になったのであり、国家神道の時代にそこまでしたということは、よほどのことであった。

戦争末期の昭和十九年には、日光、箱根、天橋立など観光地のケーブルカーが廃止されて、金属供出の対象になった。

昭和二十年に入り、本土決戦準備のために召集された新兵は、資材不足のために小銃さえ与えられず、銃剣らしいものだけは腰に差していたが、実はその鞘は、竹であった。戦場では花火の打ち上げからヒントを得て、木砲に不発弾から抜いた火薬を詰めて、石を発射することさえした例がある。

沖縄戦のとき、沖縄の地元民が国民兵として召集され、私服にぞうり履《ば》きで陣地つくりなどに従事させられたが、最後には戦闘に加わることになっていた。だが配分すべき小銃がない。そのため戦闘用として与えられたのは、手榴弾一発だけであった。その手榴弾が、敵を倒すためではなく自分たちの自決用に使われた例もおおい。

このように追い詰められた状態になった日本は、鉄道も最後の決戦のための準備をしなければならなかった。昭和二十年に入ってからの列車の運行は、敵機の空襲による被害や機関車の劣化、石炭の不足などにより、ダイヤのうえでの計画本数が減少していたうえに、空襲による立ち往生も加わり、計画の半分も運行できなくなっていた。その中での最後のあがきであった。

疎開列車

日本列島が米軍機の初空襲を受けたのは、昭和十七年四月十八日であった。アメリカの航空母艦二隻が関東地方に向けて接近しつつあることは、海軍の監視艇からの情報でわかっていた。そのため陸海軍は警戒してはいたが、空襲の時期は十九日だと思いこんでいた。

ところが十八日の正午頃、横須賀市民は軍港の上空低く飛んでいる見慣れない大型機をみて、異変を感じていた。

「あの飛行機は何だ」

「見慣れないが、ひょっとして陸軍のではないか」

そういっているうちに、飛行機から鳥の糞のようなものがバラバラと落ちてくるのが見えた。

「えっ、爆弾か」

「そうらしい伏せろ！」

ドックの付近で「ドカン、ドカン」と破裂音がして、飛行機はそのまま北に飛び去った。

米空母は日本軍の予想を裏切って、遠距離から陸軍のＢ25爆撃機十六機を発進させ、三機は名古屋、大阪方面に向かい、その他は京浜地区と東京を爆撃した。爆撃後は故障した一機がウラジオストック方面に向かい、ほとんどが中国に着陸したが、着陸に失敗したものもあった。

この空襲で、各地に焼夷弾による火の手が上がったが、用意されていた砂袋や濡れ筵《むしろ》で消し止められたものも多かった。それでも数百戸が破壊され、または焼失し、死者も八十九人に達した。

日本では第一次世界大戦のヨーロッパの空襲状況を参考にして、昭和三年から民間の防空演習がおこなわれ、シナ事変開始後は、町内会の防火組織が編成され、消火訓練もたびたび行なわれていた。そのためこの程度の空襲であれば、一応の対応ができていた。

とうじの政府が発行した『時局防空必携』には、防空の準備や空襲時の行動などが示されているが、鉄道関係では、「空襲管制をする場合は乗客も協力して鎧戸又は窓掛を閉めること」「鉄道線路上やトンネル内に避難したり荷物を置かぬこと」のような記事が見られる。

しかし昭和十九年半ばから、B29超重爆撃機による本格的な爆撃が行なわれるようになると、自主消防ではどうにもならなくなった。それも中国奥地から発進したB29によって九州方面が爆撃されているうちは、機数も投弾量もあまり多くなかったが、十一月からサイパン島方面からの出撃が行なわれるようになると、しだいに機数が増えてきて、東京、名古屋、大阪といった大都市は大きな被害を受けるようになった。

一度に数百機が来襲し、一機あたり一千発から三千発もの焼夷弾をばら撒《ま》くのだから、消火どころではない。地下の防空壕に避難していても焼死した。

そのような本格的な爆撃がはじまる前の昭和十八年十月の改正防空法で、工場、家屋の安全な場所への疎開について定められ、昭和十九年二月に入ってから、重要産業の都市から地方への避難疎開がはじまっていた。

さらに本格的な爆撃がはじまると政府は、航空機工場や兵器工場を中心にして、計画的な工場疎開をはじめた。後述するように、終戦直前に八王子が空襲を受けたり列車が銃撃される事件が起こっているが、ここの丘陵地の地下に三鷹方面にあった中島飛行機工場の一部が疎開してきていたことが、この事件に関係しているだろう。そのほか群馬、栃木、山梨、長野など本州中央部の山間に、多くの工場が疎開した。九州でも北九州の工場が疎開している。その疎開資材や機械は特別の疎開品として、列車輸送の優先扱いをされたのであり、昭和二十年三月から五月の移動がもっとも多かった。この疎開の量を車両数でいうと二十八万六千両を超えている。とうじの年間輸送貨物の三割以上を占めていたことになる。

工場の従業員も工場とともに疎開したが、その移動も優先的に扱われた。ほかに都市から、老人子供や妊婦が避難させられているが、疎開者合計は、一千万人にのぼったと推定されている。そのほとんどが列車移動であったのであり、鉄道は多忙であった。

昭和20年５月29日、横浜を爆撃するＢ29超重爆撃機

「お母さん行ってまいります」
「先生がおっしゃることをよく守って、みんなと仲良く生活するのですよ」

校舎で親と子の別れがあり、先生に引率された三年生以上の子供たちが集団で駅に向かう。修学旅行であれば楽しいが、これは学童の集団疎開であった。

都会にいても食糧が手に入りにくくなっているうえ、空襲の危険が迫っている。いくらかでも食糧がある田舎に集団で疎開して、お寺や集会所などで集団生活をしながら勉強をするのである。

苦労が待っている生活に、泣きたい気持ちは親子ともにおなじでも、涙を流すとまわりから非国民と非難された。

昭和十九年の七月一日から約二ヵ月の間に、大都市か

ら地方へ集団疎開した学童は四十六万人であり、そのほかに親戚など個人的な縁故関係で田舎に移った学童も三十三万人いた。千葉の海岸に近い地方に疎開した児童たちはその後、本土決戦で九十九里浜が米軍上陸地になる恐れが出てきたので、ふたたび東北地方に移動させられている。

集団疎開のために仕立てられた列車は修学旅行列車と同じに見えたが、親が食糧を持たせてやりたくてもそれができない、腹ペコ列車であった。

戦時態勢の鉄道職員

昭和のはじめの平時の陸軍軍人数は約二十五万人、海軍軍人数は約八万人であった。それが昭和二十年八月の終戦時には陸軍約五百四十七万人、海軍約二百四十二万人に増えていた。

第二次世界大戦の参戦諸国の史料からみて、食糧自給に必要な人口を除外したうえで、軍需産業と軍で戦時に働きうる男子総数を概観すると、男子人口の三分の一強である。当時の日本でいうと、内地の男子人口が三千五百万人余であったので、一千百七十万人ぐらいである。

日本では、追い詰められてからの最後の動員の時期に身体的に問題があるものまで軍人にしたのは別にして、昭和十八年の史料では、陸海軍人総数が約五百五十万人、軍需産業関係（運輸は含まない）が六百六十五万人で合計一千二百十五万人という数字になっており、この時点で計算上の男子の動員余力はなくなっていた。

昭和十八年の国鉄職員数は四十一万六千人であるが、その他に七万人ぐらいが軍に召集されていた。このような数字から出てくる答えは、それまでは男性社会であった国鉄も、女性を入れないと運用ができなくなっているということである。

私鉄は国鉄に買収されて数が減っていたので、この計算外にしているが、事情は国鉄と同じといえる。その他一般の産業も、女性労働力を必要としていた。サービス産業は禁止され、芸者さんまでが工場労働に動員されていた。

昭和十八年九月に女子勤労挺身隊の名で志願した女子を、軍需工場で働かせることが行なわれるようになり、翌年六月には、十二歳以上の未婚女子が、強制的に軍需工場に動員されることになった。女学生も学業を兼ねてといわれながら同じように、軍需工場で働いた。

軍需工場で働く女子勤労挺身隊

男子中学生ももちろん工場に動員されており、そのなかから志願の少年兵として、飛行機搭乗員や戦車兵などになり実戦に加わるものもでた。

鉄道はそのような女性が働く場にもなったのであり、出札のような事務的な仕事だけでなく、車掌や荷扱手まで務めるようになった。

このような専門の仕事の教育は、各地の鉄道教習所が担当した。

鉄道の職場は女学生にとっては学校の分校でもあった。そこで次のような光景も見られた。

「構えー銃《つつ》ッ。突けーッ」

「やあーッ」

「前へッ、前へッ」

木銃を手にした女学生の列が、指揮者の号令で銃剣術の訓練をしている。体操の時間に行なう訓練であった。木銃が使えるうちはまだよかったが、最後は手製の竹やりが武器代わりになった。

沖縄戦が終わったばかりの終戦の二ヵ月前の時期は、本土決戦に向けての準備がはじまったときであった。このとき義勇兵役法が制定され、十五歳から六十歳までの男子と十七歳から四十歳までの女子全部が、病気や妊娠など行動にさしつかえがあるものを除いて義勇兵に指定された。国際法の規定があるので、義勇兵は右胸に「戦」の文字を入れた白布を縫いつけて、戦闘員であることを示した。

義勇兵は町内会や、職場、学校ごとに分隊に編成され、その集合体がさらに上の区隊、戦隊、義勇戦闘隊に編成された。戦闘をするときは、それぞれの地方を管轄する軍人指揮官の指揮を受けることになっていた。そのころ都会の小学生は、先生が引率して疎開列車で田舎に疎開していたので、戦闘の足手まといになるものは、いなかった。

この組織が編成される前の、この年三月の閣議決定で、義勇戦闘隊のもとになる国民義勇隊が編成されていた。これは戦闘ではなく防火活動や軍の輸送などの後方支援を行なうための組織であるが、状況が切迫したときは、そのまま国民義勇戦闘隊になることを含みとして編成されていた。町内会を分隊とする組織では、市長や町長が全隊を束ねて義勇戦闘隊長としての任務を果たす。

鉄道員はこのとき、地域の自分たちの職場を分隊、区隊とするメンバーに組み入れられ、地方の鉄道局単位で義勇隊に編成されたのであって、それをそのまま義勇戦闘隊にすれば、本土決戦に対応することができるはずであった。停車場長、事務所長、地方鉄道局長が指揮官を務めるのである。

鉄道では隊組織の指揮を軍隊式に行なうために、特別の階級章まで定められ、敬礼規程も新しく制定された。階級章は、勅任官、奏任官、判任官、雇員、傭人という官吏の身分別に十二種類に区分されており、帽子も陸軍式の戦闘帽形式になっていて、軍隊に一歩近づいていたのである。

鉄道は実際に米軍機の攻撃を受けていたので、そのときに退避のために機関車や列車を移動させたり、被害を抑えるための壕を掘ったり施設に迷彩を施したりといった行動を必要としていた。そのような切迫した戦況のなかなので、鉄道に軍隊式の組織がなじまないわけではなかった。鉄道員に採用された女性たちも、軍人のような敬礼をしていたのである。

終戦十日前の八月五日の昼過ぎに、新宿発長野行きの列車が、八王子のトンネルにさしかかった。列車の本数が減っているので、車内は身動きができない満員の状態であった。そこに七機のムスタングP51戦闘機が襲いかかった。

八王子の町は八月一日に、超重爆撃機B29による空襲で焼け野原になったばかりであった。近くの丘陵地の地下に飛行機工場がつくられていたことが、襲撃のひとつの理由であったろう。米軍はその後も、硫黄島から戦闘機を発進させて、襲撃の仕上げをしていたのである。

敵戦闘機の接近を知った機関士は、速度を上げてトンネル内に逃げ込もうとする。しかし、「ババ、ババッ」という一連の縦射で、車内はたちまち血の海になった。死者は五十二人と発表されている。

軍民の区別なしに襲ってくる米軍機を相手にしているのだから列車の運行も命がけであり、鉄道員が準軍人のような扱いを受けるようになったのもとうぜんである。

第六章　陸軍鉄道部隊の戦時行動

新しい鉄道部隊

陸軍に鉄道隊がはじめて編成されたのは、日清戦争後の明治二十九年十一月であった。日清戦争まで日本の鉄道は、戦時は国内だけの兵力輸送を考えて運用されていた。しかし日清戦争で戦場での輸送に苦しんだ経験から、陸軍が、国外の戦場で鉄道を修理して使用したり、軽便鉄道を敷設して利用したりすることを考えはじめたのである。もちろん陸軍の手本になっていたドイツにそのような部隊はあったし、イギリスやフランスにもあった。

とりあえず東京市ヶ谷の陸軍士官学校の敷地内におかれた鉄道隊は工兵の一部であり、翌年、中野に移転してから本格的な活動がはじまった。もちろん最初は素人集団なので、鉄道院から派遣された技師が教育をした。

この鉄道隊がはじめて実戦で活動したのが、明治三十三年の北清事変（天津事変）、つまり義和団の乱であった。

中国の民間宗教結社でもともとは清国政府に対立的であった義和団が、反キリスト教と、欧米や日本の外国勢力の国内からの排除の旗印を掲げて行動をはじめたとき、最初は取り締まっていた清国政府も、最後はかれらに同調した。

やがて義和団勢力が北京で、ドイツや日本の公使館を包囲し外交官を襲ったが、このとき天津の外港である太沽《ターク－》に停泊していた各国軍艦から、救援の陸戦隊員たちが北京に向かった。これで各国と清国の戦闘がはじまった。そのときに鉄道が輸送手段として重要な役割をはたした。

その後、日本から陸軍の第五師団が派兵されたが、この鉄道の修理のために、編成されてまもない鉄道隊第一中隊の要員が、臨時鉄道隊に編成されて現地に派遣され、修理だけでなく列車の運行も行なっている。

このとき露英独の各国の鉄道隊も派遣されたのであり、日本の隊員たちはドイツ軍の鉄道隊の方式が日本のものとよく似ているのに驚いているが、ロシア軍の方式もドイツ式を基本にしていたので、日本軍と共通点があった。

派遣されていたイギリス軍は、インドからの植民地軍であったので、植民地色が強かった。そのため補修も戦場での応急のものではなく、最初から造り直す形であり、他の国に比べて能率が悪かった。あるとき、つぎのような事件があった。

「オイ豚だ、豚だ。撃て」

「バーン」

「よしこれで今夜のご馳走ができたぞ」

日本の鉄道隊の兵士たちは、その場で豚の皮をはぎ、夕食のご馳走にした。陸軍には入営前に、いろいろな職業についていたものがいる。豚の処理をするぐらいはすぐにできる。

ところがその夜、近くのイギリス隊の英人将校から、日本隊の将校に申し入れがあった。

「本日、貴隊の兵隊たちが豚を殺し、調理したことをご存知か」

「存じておりますが、それがどうかいたしましたか」

「わが隊にイスラム教徒が多数おります。イスラム教徒は豚を食べません。かれらの何人かが銃声を聞いて貴隊をのぞいてみたところ、豚を調理しているので驚いて帰ってきて、そのようなことをしないように貴隊に申し入れてくれるよう訴えてきました。今後もし、そのようなことをされるときは、かれらの目につかないよう気をつけていただきたい」

青島市街。奥には港が見える。日本陸軍は青島出兵などを通じて、欧米の軍隊について知識を深めていった

「なるほど、そのようなことは知りませんでした。申し訳ありません」

英軍部隊は、将校はイギリス人だが、下士官兵のほとんどはインド人である。インド人はヒンズー教徒とイスラム教徒がおおい。それまで西欧の部隊に接することがほとんどなかった日本人将校が、そのようなことを知らないのはむりはなかった。イスラム教徒が豚肉を食べないことは、このときはじめて日本陸軍の書類に記録されたのである。

その後の日露戦争、青島《チンタオ》出兵、シベリア出兵などをつうじて日本陸軍の軍人たちは、しだいに欧米の軍隊についての知識を深めていった。陸軍将校が外国を知らなかったために日米戦が起こったと、書かれたものを見ることがあるが、決してそうではなかった。

日露戦争で臨時鉄道大隊が活躍して、朝鮮半島内ソウルから北側に鉄道を敷設し、鴨緑江岸から奉天まで軽便鉄道を敷設したことは前に述べた。鉄道隊は北清事変に従軍した経験があるとはいえ、まだ技量が未熟である。それに、実際に工夫として作業をするのは、現地人が三分の二、輜重《しちょう》部隊や鉄道隊の臨時雇いの日本人が三分の一という状態であって、鉄道の知識がなかった。そのためにいろいろな失敗があった。

「ダイナマイトが凍ってしまったが、これでは使えない。どうすればよいか」

「焚き火で暖めるほかなかろう」

暖めているうちに焚き火が、ダイナマイトの上に落ち崩れた。

「ドカーン」という音とともに、近くにいた人夫たちが、「アイゴー、アイゴー」と、泣き叫ぶ。日本人も犠牲になった。

また工事を急いだあまりに、凍った地盤にそのまま線路を敷いた。雪解けの季節になると、線路が沈んでくる。工事用の車両が脱線転覆する事故が起こった。

谷を渡るにも川を渡るにも、丸太で木橋を、十メートル以上もの高さに組み立てなければならない。太い木も細い木もある。長いのも短いのもある。それをいろいろな金具で締め付けているので、設計どおりにはいかなかった。

「よーし、試運転はじめー」

京成新津田沼駅付近（上）と、鉄道聯隊の実戦の中心だった軽便ＳＬ。Ｋ－２型134号型の写真

軽便用の機関車がゆっくり前進をはじめる。鉄道隊が建設した木橋を渡るのである。

ところが半ばまで進んだとき、橋がしだいに沈みはじめた。

「機関士脱出せよ」

見ていた小隊長が大声で叫ぶ。機関車から飛び下りた鉄道兵が、後方に下がるとともに橋が崩れ落ちた。

このような失敗は、鉄道隊の実地訓練になった。名実ともに鉄道の実力部隊になった鉄道隊は、日露戦後の明治四十年十月に、鉄道大隊の編成から鉄道聯隊に昇格し、敷地内に軽便鉄道が敷設してある津田沼の新しい兵営に移った。翌年に千葉にも新しい兵営が完成し、津田沼と千葉の兵営の間に軽便鉄道のレールを敷いている。最終的に、津田沼には第三大隊と材料廠を残し、他は千葉に移った。

こうして鉄道聯隊が発足すると、士官学校を卒業するときに工兵の鉄道兵に区分された将校が出てくる。そのなかで大正四年に士官学校を卒業した吉原矩《かね》中将は、陸軍大学校を出て鉄道兵の出世頭になった。

この聯隊発足時にそれまで鉄道隊のなかにあった電信隊が津田沼で分離独立して電信聯隊になり、ほかに航空部隊の母体になった気球隊が中野に設けられたので、これら三部隊を統括する交通兵旅団の司令部が、千葉に置かれた。

とうじの鉄道聯隊は、実戦を経たとはいっても軽便鉄道中心であり、一般の鉄道の運用には慣れていなかった。しかし戦場では、分捕り品の機関車を運転しなければならないことがある。そのため聯隊は、鉄道兵に一般の列車の運転を教えようとした。そこで鉄道院に教育依頼をするために鉄道管理局に某中尉が交渉のため派遣された。

「局長殿、日露戦争時の教訓から鉄道聯隊では、兵卒に機関車の運転技術を教えたいと思っております。何とかご協力をお願いできませんか」

「まず難しいですな。鉄道の運転手になるには、石炭を炊く火夫の修行から始めなければならない。その後、運転手の修行をすることになるのだが、優秀な呑み込みがよいもので、十年かかっています」

「軽便の運転ができる優秀な兵卒を選抜しますので、なんとかなりませんか」

「兵卒は兵役期間が三年でしょう。そのあいだに、一人前の運転手にすることは、どう考えてもできることではありません」

「火夫、運転手になるものは、試験を受けて合格したものを候補者に採用すると聞いておりますが、こちらで選んだものに試験を受けさせ、合格点をとったものだけを教育していただくというのではどうでしょうか。なにしろお国のために必要なことですので、特別にお願いしたいのですが」

そこまでいわれると、局長も断ることができない。火夫試験を受けさせることだけは承認した。


聯隊では、ともかく試験を受けさせることを約束してもらったので、さっそく軽便の機関士としての経験があり能力がある兵士十二名を選抜した。その後隊内で一ヵ所に集めて三ヵ月間、学科や技術の教育訓練をしてから鉄道省の火夫試験を受けさせたところ、一名を除き合格した。投炭の訓練は、海軍の機関兵が模型で行なっていたのをまねて、営内に施設をつくったもので行なったのだという。

吉原矩

これには局長も驚き、すぐにかれらを火夫として機関車に乗り組ませ、修行をはじめさせた。その間に運転手としての訓練も行ない、聯隊でも、営内に設けた運転施設を利用して運転の訓練をした。こうして六ヵ月後に鉄道院の運転手試験を受けさせたところ、全員が合格したのである。

鉄道院側も軍の教育が効率的であるのに驚いたのであって、それを参考にして明治四十二年に教習所制度をつくったようである。

大正二年に、鉄道局の教習所に火夫養成科と機関手養成科ができたとき、機関庫内勤務者のうち試験に合格したものを、火夫養成科で四ヵ月間教育した後に火夫（機関助手）にして、火夫として二、三年勤務させることにした。さらにその火夫の中から、試験で採用された者を機関手養成科に入れて六ヵ月間教育し、機関手見習三ヵ月間の後に、機関手に登用できる一応の教育体系をつくった。

鉄道聯隊は第一次世界大戦の青島出兵をへてさらに力をつけ、大正七年五月に第二聯隊も、津田沼に編成された。このとき鉄道資材を保管、補給する材料廠は、鉄道材料廠（後に兵器支廠）として千葉で独立している。ただし聯隊に付属する資材の管理は、それぞれの聯隊の材料廠が行なった。シベリア出兵はその直後に行なわれたのである。シベリアでは、かれら鉄道兵が装甲列車に乗り組んで、敵と交戦したこともある。

この出兵のときまで鉄道兵も、歩兵銃を持って行動していた。しかし実戦のとき、長い歩兵銃に剣をつけて列車を操作すると、あちこちに引っかかって不便なことがおおい。そのため、剣が下向きに折りたためる短い騎兵銃を持つように改められている。しかし全員に行き渡らず、それまでどおりの歩兵銃と銃剣を持つ鉄道兵も見られた。

鉄道兵の訓練も、軽便鉄道主体から普通狭軌車を主とし、大陸の広軌車用の訓練もするように改められた。

こうして編成も装備もほぼ整った鉄道聯隊は、満州事変のときも出兵し、最初に鉄道装甲車の運転要員と満州の広軌用91式牽引車（装甲軌道車）四両を送って、第二師団の偵察と連絡を担当した。牽引車は、資材運搬用のガソリンエンジン車で、タイヤとの切り替えもできる装甲されたトラック型のものである。装備されたばかりであった。

昭和七年に入ってから、残りの鉄道第一聯隊主力も出征し、線路の修復、北部満州の線路敷設のほか、装甲列車や装甲軌道車を利用した鉄道警備も行なっている。

中国大陸での活躍

このようにして満州事変での活躍を認められた鉄道聯隊は、昭和九年に、もう一個聯隊を増やして三個聯隊編制になった。第三聯隊はハルピンに置かれたのであり、対ソ連戦を意識して、装甲列車隊や列車砲を備えたのである。しかし実際に活躍したのは、シナ事変（九月二日までは北支事変）の戦場であった。

鉄道聯隊は昭和十二年の八月、鉄道監部の少将桑原四郎第一鉄道監の指揮下にあった。第三聯隊は事変の勃発直後にハルピンから装甲列車で天津方面に出動し、輸送や砲撃に活躍していた。

やがて第二聯隊も内地から派遣されてきて、後方輸送をはじめた。第一聯隊は上海・南京地域で鉄道の修理と輸送にあたっている。桑原鉄道監は、そのあいだに現地で鉄道の補修や延伸に必要な資材の確保をはかり、満鉄や鉄道省にも連絡して機関車や枕木の入手に努めた。山地がおおい北京の西方の戦場では、急勾配を登ることができる特別の機関車、それも特殊な一メートルゲージのものが必要になるので、特に鉄道省に依頼して強力な機関車を準備したのである。

そのように手を打っていても、現地では輸送力が不足した。広い大陸の軍隊移動に鉄道を使うことが多かったからである。

八月半ば過ぎに、朝鮮半島経由で天津に増強部隊として到着した第五師団は、北京の北西五十キロメートルの八達嶺の方向に作戦行動をはじめた。八達嶺は最近、北京の観光客が訪れることがおおい万里の長城が走っている嶺である。その下を北京からの京包線がトンネルで抜けている。第五師団の補給はこの鉄道に頼ることになっていた。

ところがこのトンネルが、中国軍の閉塞作戦で通行不能になっていた。百五十トンもある機関車六両がトンネルのなかで、横倒しになっていたのである。もちろん線路も破壊されている。トンネルの両方の入り口から無人の機関車を走らせ、中央で脱線衝突させたので、現場は手がつけられない状態になっていた。迂回できる鉄道はほかにはない。

鉄道聯隊戦時定員（昭和15年7月）

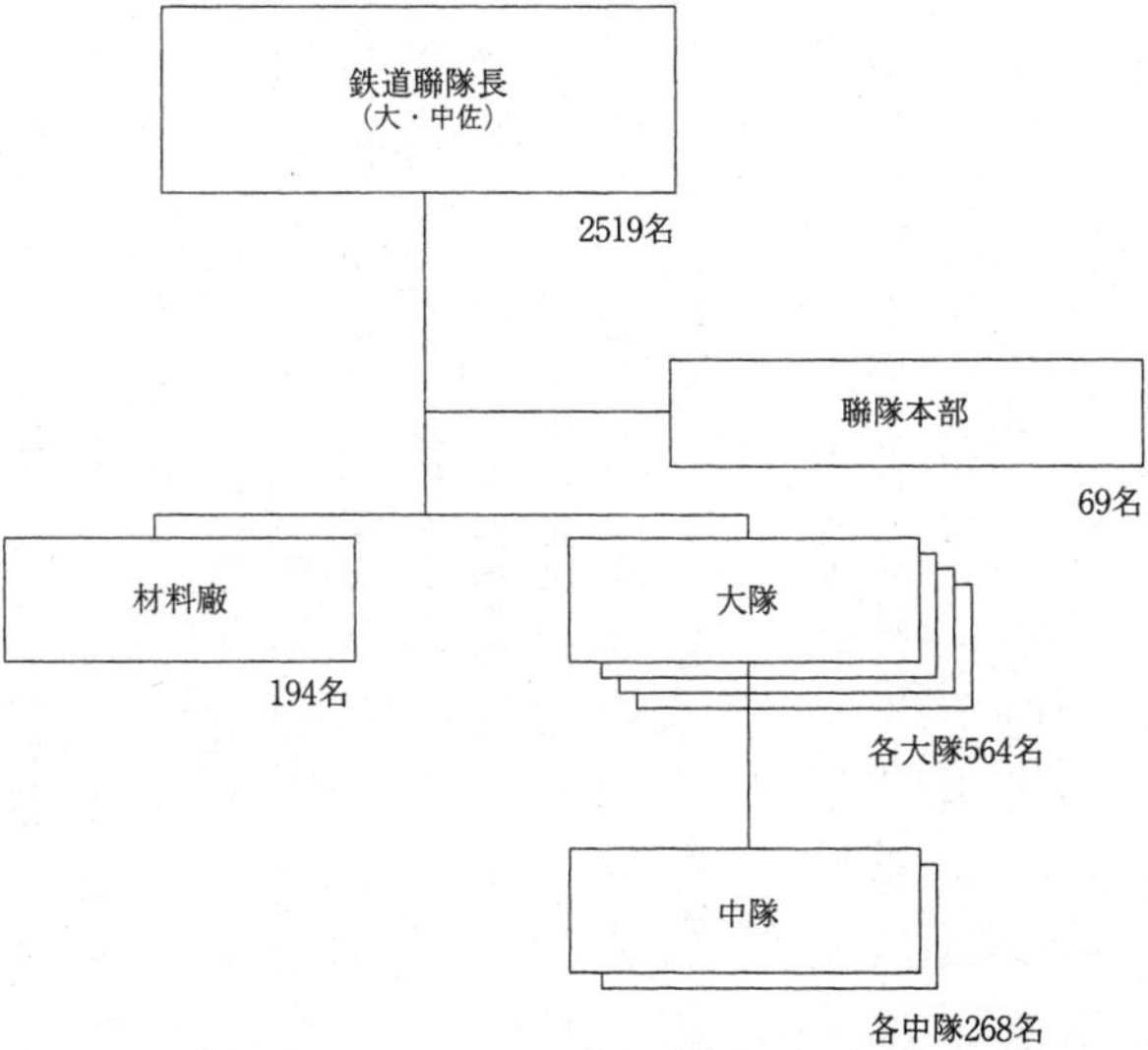

この機関車をトンネルのなかから引き出すのは、容易ではない。桑原鉄道監が鉄道省から連れてきた技術者は、復旧作業に六ヵ月かかると見積もった。満鉄の技術者も三ヵ月と見積もった。

　そこで鉄道監は、戸沢鉄道第三聯隊長を呼んだ。

「技術者たちは復旧に少なくとも三ヵ月かかるといっている。しかしそれでは作戦に間に合わない。なんとか一ヵ月以内にできないか」

「可能だと思いますが、作業責任者の大隊長に確認してみます」

　鉄道聯隊は、そのような戦場での復旧については専門家である。敵の鉄道を破壊することも研究しているのだから、平時のことしか頭にない技術者とはちがう。吉村大隊長は約二週間と見積もり、ほとんどそのとおりに復旧させて、その後の輸送に貢献した。それだけでなく、装甲列車で戦闘の支援もしている。

九月に入って作戦は、天津に集結した部隊により北京の南西二百キロメートルの保定方面に指向されていた。ところが、この方面には永定河とその支流が流れている。折からの大雨で河が氾濫し、歩兵の前進を阻んでいた。

「下車地点です。下車の指令をお願いします」

鉄道の輸送を管理している担当将校が、歩兵大隊長に告げたが、大隊長は、「このまま退避線に入って、雨のようすを見たい」と、動こうとしない。しかし、兵士が下りてくれないと、列車を回送できないので、輸送全体の計画にさしつかえる。

このようなことがあちこちで起こり、河の氾濫の影響もあって、鉄道聯隊の業務に支障がでた。

昭和十二年十一月二十日、戦線が中国全土に拡大したことをうけて東京に、天皇の総司令部である大本営が設置された。戦闘の中心は中国中部の上海、南京方面に移っていた。

年末に南京を占領した日本軍は、その北西三百キロメートルの徐州に進出したが、天津・北京方面で戦っていた日本軍も同じ方向に南下し、さらに、その西方を南北に抜ける京漢線を抑えようとしていた。

昭和十三年六月の雨の季節であった。日本軍偵察機が開封の西方面の平地の洪水を報告した。

「田畑が、見渡す限り一面の海になっております。三劉砦付近で黄河の堤防が決壊したものと思われます」

「それで我が十四師団はどうしている」

「中牟付近の高台に一部が避難しておりますが、周囲を水に囲まれております。その付近を通る隴海線《ろうかいせん》のレールはすっかり水没しております」

隴海線は日本軍の補給に使われる予定であったが、これではどうにもならない。堤防の決壊は、日本軍の進出を遅らせるために中国軍が破壊したのであった。日本軍は水に囲まれた十四師団の兵を工兵の折りたたみ舟で救出し、さらに、水のために後方を絶たれて補給がなくなった第十六師団に、爆撃機まで出動させて空からの補給をした。

このように鉄道部隊の中国での戦いは、鉄道を破壊して逃走する中国軍との戦いであり、水との戦いでもあった。歩兵ももちろん泥水の中を行軍しなければならず、逃げ足が速い中国軍を捕捉することは難しかった。その中国軍も、鉄道を部隊の移動や補給に、精一杯使っていたのである。

それでも、日本軍が中国の鉄道の機関車や車両あるいは鉄道資材を捕獲することがあった。日本軍はこれらの捕獲品を利用したのであり、鉄道監が、中国軍がそれらを後送することがないように、鉄橋の爆撃を要求したこともあった。

そのようにして手に入れた鉄道資材や、日本や満州から追送された機関車・車両・資材を使って、臨時に鉄道第五聯隊・第六聯隊が編成されて中国戦線で活躍した。第四聯隊は満州の牡丹江で別に編成されていたが、北部満州の守りについていて動かなかった。

日本でとうじ使われていた大型の九六〇〇型機関車は、広軌用に改造されて約二百五十両が大陸に渡っている。

この機関車はもともと広軌に使うことを予想して設計されていたので、改造は容易であった。車軸にゴムの焼き嵌《は》めがあって、これで調節していたのである。それより小型のC12型も七十両近くが北部中国で活躍し、その改造型のC56は百両近くが東南アジア各地に送られて、戦争中の輸送に貢献した。

そのほか鉄道省が、中国戦場向けに貨車などを改造して提供し、国内の軍需輸送以外にシナ事変に協力した度合いは大きかった。鉄道省の技術者や満鉄の技術者も多数が軍属として従軍し、後には運転や保線などの職員が、鉄道聯隊の要員として召集されている。

対米戦争緒戦の鉄道部隊

シナ事変で臨時に編成された鉄道聯隊は、その後、日本の敗戦時まで解隊されることなく戦い続けた。それだけでなく新しい鉄道聯隊が、第二十聯隊まで臨時に編成され、聯隊編成ではない独立の鉄道大隊も、第二十三大隊まで編成された。

昭和十六年十二月八日の対米英戦開始以後の戦争は、日本政府がつけた正式名称を、「大東亜戦争」という。

戦後、日本を占領したマッカーサー総司令官は、この戦争名称に日本の侵略意思が表われているとして、占領政策としてこの名称を使うことを禁止した。いっぽうで占領軍の観点から、戦争名を「太平洋戦争」とした戦争史を、新聞に連載させた。そのために最近まで太平洋戦争という呼び名が一般化していたが、鉄道聯隊の立場から見ると、太平洋での戦争はなかった。

東部仏印に進駐し、サイゴン駅に整列する日本軍兵士

海軍の戦場は太平洋であったので、海軍関係者は、太平洋戦争と呼ばれることに違和感はなかったし、開戦時の名称決定時に太平洋戦争を主張するものもいた。しかし、鉄道聯隊にかぎらず陸軍は、その後もアジア大陸内で戦闘をしたものがおおいので、ここではあえて、大東亜戦争という。

大東亜戦争開戦時の最初の戦闘は、真珠湾で行なわれたと思われているが、時間的にはマレー半島上陸時の戦闘開始のほうが一時間以上早い。こちらはイギリス軍が相手であった。

英領マレーのコタバルとその北のタイ領に上陸した山下奉文《ともゆき》中将が指揮する第二十五軍は、そこからシンガポールに向けて南下した。

鉄道がある西岸に沿って南下したのが第五師団である。シナ事変の最初に内地から派遣された師団として前にその行動を述べたので覚えておられる読者はおおいだろう。

英領に入り三百キロメートルほど南下したところに、ペラク河がある。この河にかかっている橋を、破壊される前に日本軍が奪えるなら、その後の補給のための輸送は容易になる。

毎週一回、シンガポールと上陸予定地のタイ領シンゴラを結ぶ列車があり、上陸日には列車が、シンゴラに停車中であることを第二十五軍は確認していた。そこでシンゴラに上陸した歩兵一個大隊をこの列車に乗せて、ペラク河に突進させ、橋を占領することを計画していた。列車を動かすのは、鉄道第九聯隊の二個中隊である。これを鉄道突進隊と名づけていた。

しかし、この計画はうまくいかなかった。上陸地はタイ領なので、タイ国政府に協力させることになっていたが、事前の連絡協議ができず、タイ国政府が日本軍への協力を承認したときは手遅れになり、途中の多くの橋が破壊されていた。

それでも鉄道第九聯隊は、その後の第五師団の前進のために、破壊された鉄道や橋を修復しながら、列車による輸送に努力した。タイ領内の鉄道はあまり破壊されていないので、その日の夕方には突進隊の兵士を、二十五キロメートル先のタイ領内ハジャイに輸送している。ハジャイには、機関車八両、貨車百五十八両、客車九両といくらかの鉄道資材があり、軽戦車と自動車で先行した佐伯捜索聯隊がこれを抑えたので、その後の輸送に役立った。

約一週間遅れで、ハノイ方面から鉄道でマレー半島に入った近衛師団の先遣部隊も、ハジャイから南進し、やがて本隊も一月初めまでにマレー半島に到着した。この輸送支援を行なったのは、鉄道第五聯隊であった。この聯隊は、マレー半島ではとうぜん復旧作業も行なったのであり、装甲軌道車が破壊状況の偵察の役にたった。偵察中に敵の攻撃を受けて、戦死したものもいる奮闘ぶりであった。

マレー半島で行動した鉄道部隊は、第五、第九の両鉄道聯隊のほか第四、第五特設鉄道隊と鉄道材料廠、それに、鉄道輸送を統制し事務手続きをする停車場司令部である。これら全部が、第二鉄道監服部暁太郎中将の指揮を受けた。服部鉄道監は年が明けてまもなく南方軍鉄道隊司令官に転じ、東南アジア全隊を管轄する南方軍の鉄道責任者として、緒戦が一段落するまで務めたのである。

マレー鉄道駅舎(上)と同鉄道のセレンバン駅

自動車の発達が遅れていた日本陸軍にとって、鉄道は、大東亜戦争の戦場行動になくてはならないものになっていた。当時は中国にもインドシナ半島にも、西洋人の手で鉄道が敷かれていて、現地人にとっても日常の交通輸送手段として手慣れた存在になっていた。日本軍が、現地の鉄道を利用しやすい環境が整っていたのである。

平時の輸送用に敷かれていた現地の鉄道なしには、日本軍の緒戦の迅速な作戦は成り立たなかった。このことは、後述する泰緬鉄道の新設で鉄道聯隊が苦労したことから分かる。また鉄道がないガダルカナルやニューギニア、インパールの作戦で、補給手段がないために日本軍将兵が飢えに苦しめられたことにも示されている。

鉄道部隊の編成組織

シナ事変開始前の鉄道部隊は三個聯隊であったが、満州の鉄道第三聯隊は満州事変の関係で編成された臨時のものであり、平時からの正式のものは、二個聯隊と一個鉄道材料廠であった。これらは、帝国議会で認められた平時の予算が支出される部隊である。第三聯隊は満州事変費で編成運用される特別臨時の組織であった。その後にできた鉄道部隊は、事変や戦争遂行のための臨時のものである。

臨時の組織には、野戦○○隊という名がつけられることがおおいが、鉄道部隊の場合はややちがう。たとえば支那派遣軍第二野戦鉄道隊という部隊の中に、正式編成の鉄道第一聯隊もあれば鉄道第十二聯隊という臨時編成の部隊もあった。聯隊の数は、戦場の状況により増減する。鉄道聯隊の戦時定員は、付属の材料廠も入れて約三千五百人であった。

　そのほかに聯隊に所属しない鉄道橋梁大隊、鉄道工務大隊、鉄道工作隊、停車場司令部、鉄道運営隊のような部隊がある。聯隊に所属せずに行動する部隊は、頭に独立という二文字がつくのが普通だ。鉄道の修復建設を担当する独立鉄道工務大隊は、予備役の召集された古参者か補充兵として召集された素人がおおく、国鉄から召集されたものも混じっていた。

兵庫県相生市の中央公園に展示してある中国南部の蒸気機関車(上)と雲南方面桂花付近の鉄道

　鉄道運営隊は、停車場司令部が軍需輸送の統制・事務連絡を行なうのにたいして、これとの関係を考えながら一般の鉄道輸送のための統制・事務連絡や駅の仕事を行なう。その要員として鉄道出身者を集めたのであり、朝鮮・満州・台湾の鉄道関係者も多かった。軍属として勤務した者もおおい。

南方の作戦が一段落した後に現地の鉄道運営を担当した第四、第五特設鉄道隊は、このような軍属が多い部隊であった。総員七百七十名余のトップは少将の司令官であるが、鉄道省から同格の軍属技師が鉄道監として、司令官付のような形でおり、その下で、運輸・工務・橋梁の大佐・中佐が長になっている各隊にも、隊長付のような技師がいた。軍人総数は三十五名だけで人事・衛生・自動車運転・警備などを担当し、残りが軍属であって、国鉄の技術者集団が形式的に軍隊になった特殊な存在であった。

支那派遣軍には、第二野戦鉄道隊全隊を統括している司令部があるが、昭和十九年当時の名称は、第四野戦鉄道司令部であった。司令部の名称が隊名と一致しているとはかぎらない。司令部というのはそれ自体が一つのまとまった組織であり、将校が中心の、五十人とか百人というあまり大きくない組織である。司令官は、鉄道組織の場合は少将・中将がふつうである。

関東軍や南方軍にも野戦鉄道司令部がおかれた。戦場では、聯隊や独立大隊など実働部隊をいくつか集めて、それら全隊を指揮するこのような司令部を、方面ごとに置いたのである。聯隊や大隊では、司令部にあたるものが本部と呼ばれる。聯隊で将校十人ていどの組織であり、それに補助的な業務をする下士官や兵が加わって五十人ぐらいになる。独立していない鉄道大隊だと本部員は五人だけである。もっとも戦場では軍医や主計が増員されるのでもう少し増える。

157　鉄道部隊の編成組織

終戦時の日本内地の鉄道隊
（昭和20年8月15日）

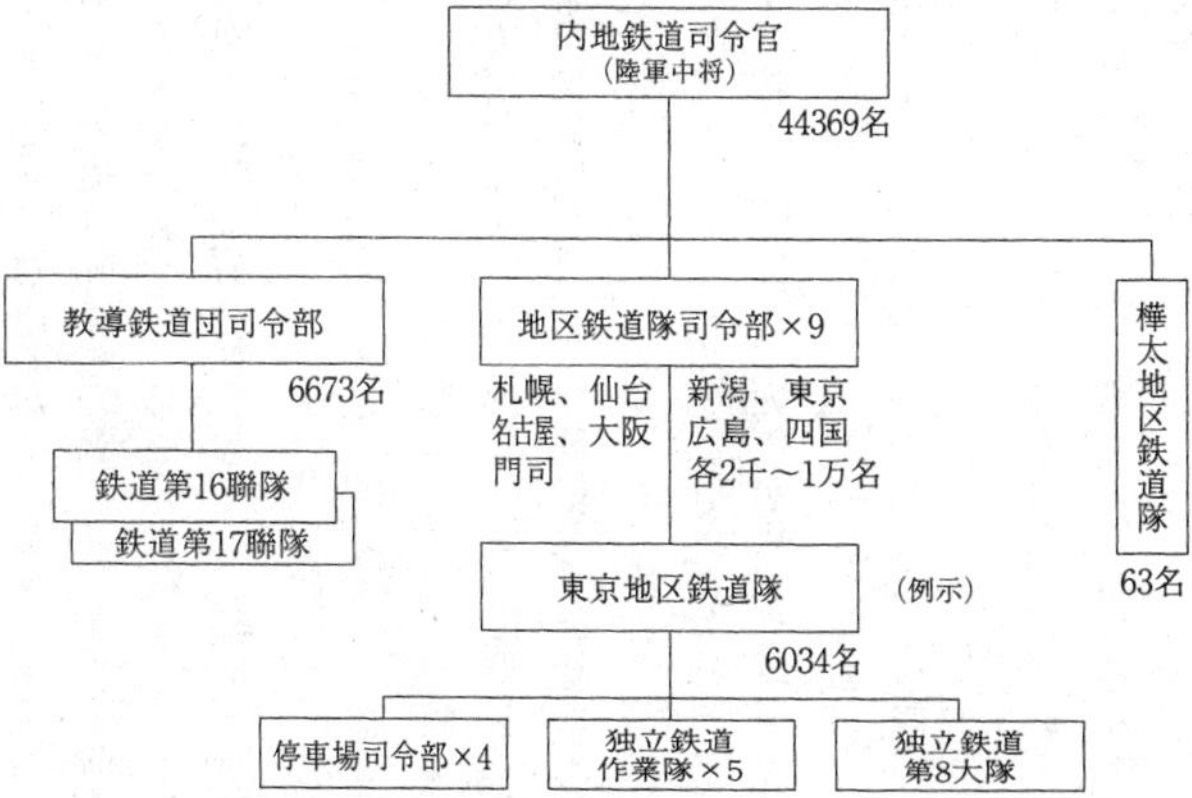

鉄道聯隊にも定数上は馬が配置されていた。大隊長が列車から降りると、「馬を曳けー」という号令がかかる。貨車から乗馬が馬掛かりの兵によって引き出され、颯爽と馬にまたがった大隊長のあとを、馬掛かりの兵が追いかけることになる。もっとも南方戦線では馬ではなく車を使うことが多かったが、中国戦線では、馬が、砲車や輜重車を曳く役をつとめた。そのため中国からマレー戦線に転戦した部隊は、やはり馬を荷役に使っていた。

戦地の鉄道は、敵の攻撃を受けることがおおい。そのために装甲列車を走らせたことは、何度も述べた。また工事中に妨害の攻撃を受けることもあり、そのときは、鉄道兵といっても戦闘員であることに変わりはなく、武器をとって戦わなければならなかった。

戦争末期のあるとき、中国南部の鉄道駅韶関占領前に、線路の状況偵察と敵の陣地の状況偵察を命じられた少尉が、挺身隊二十五名の部下を率いて、足踏み式の軌道車で夜間に隠密前進した。挺身隊は駅の五百メートル手前で下車し、偵察をした後に、少尉は、挺身隊独力で駅舎を占領することを決心した。

「敵は数名が駅で荷造りをしている模様。駅を包囲して敵を駆逐し、占領する。第三分隊は右から、第四分隊は左から、主力は正面から包囲し同時攻撃を行なう」

少尉の命令で駅に突進した挺身隊は、たちまち駅舎を占領した。そのとき敵は、左手前方の丘から機関銃と小銃で撃ってきた。小銃と軽機関銃で応戦した挺身隊は、六名の戦死者・負傷者を出しながら、正確な射撃で反撃して戦闘を継続した。その後、通報を受けた歩兵部隊が応援に駆けつけ、十時間の交戦の後に敵を撃退して、駅舎と資材を確保した。

鉄道兵は、戦う兵でもあった。特に召集兵には、元歩兵であって予備役召集された下士官も混じっており、中国軍との戦闘に長《た》けたものも多かった。

大東亜戦争末期には、列車が敵機の攻撃を受けることが多くなった。

装甲列車はもともと大砲や機関銃で武装しているが、内地でも一般の列車を軍用列車として運用するとき、機関車の後または最後尾に、対空射撃ができるようにした防空車を連結するものがでてきている。

内地で空襲のさいに、停車場の列車が被害を受けないように退避防護用の掩蔽《えんぺい》施設を造ったことは前に述べたが、戦場ではもちろんその必要がある。鉄道兵たちは、その作業にも追われたのである。

泰緬鉄道の建設計画

シナ事変の初期に、南京付近の平原から撤退した蔣介石政権は、揚子江上流の重慶に立てこもっていた。この蔣介石を支援していたのが米英仏ソの各国である。米英仏三国は、北部仏印と呼ばれていた現在のベトナムのハノイ付近で支援軍需品を陸揚げして鉄道に積み替え、あるいは河川を利用して中国の雲南省、広西省方面に輸送していた。

そうしているうちにヨーロッパの戦場では、一九四〇年（昭和十五年）六月に、フランスがドイツに降伏した。そこで日本は、仏領インドシナ政府に強要して日本軍をハノイ方面に駐屯させ、ハノイ・雲南ルートによる蔣介石支援を遮断した。

これにたいして米英は、英領であったビルマ（現ミャンマー、緬甸と表記）を経由して蔣介石支援物資の輸送をはじめた。南端のラングーン（現ヤンゴン）付近に陸揚げして、鉄道で北の雲南省に比較的近いところまで輸送した後は陸路によるものと、河川水運を利用した同じようなルートによるものがある。さらに、西に隣接するインドから陸路によるルートもあった。陸路は山中に新しく開いたもので、トラックの通行が可能であった。

日本は大東亜戦争開戦後、マレー作戦が一段落ついた段階で、ビルマ攻略作戦を計画した。蔣介石支援のルートを完全に遮断するためである。昭和十七年二月に第十五軍によってはじめられたこの作戦は、まずラングーンを占領した後に、北四百キロメートルにある鉄道、水路、道路が交差する要地マンダレーに向かうものであった。この付近には英印軍と蔣介石軍が防御線を敷いていた。

マンダレーから北東三百キロメートルのミートキーナに向かって鉄道が敷かれているが、鉄道の西側百五十キロメートルにあるインド国境までは、チンドウィン河のほかはめぼしい交通手段はない。

北上した第十五軍は昭和十七年五月中に、ほぼビルマの要域全部を占領し支配した。しかし、米軍の反攻が太平洋各地で激しくなった昭和十八年に入ると、ビルマ方面でも英印軍の反攻が始まった。英印軍は、蔣介石軍とともに約一年かけてラングーンまで南下することを計画していたのである。そのためかれらは、昭和十七年の末から、ゲリラ戦と航空機による日本軍への攻撃を、強めつつあった。

日本の大本営は、このようなことから敵の本格的な攻勢作戦がはじまることを感知していたので、ビルマの兵力を倍増して、七、八個師団で敵に対することを考えていた。同時に、海上輸送の船が米潜水艦に攻撃されたり、航空攻撃を受けたりすることが多くなっていたので、これらビルマの師団の補給は、陸路でタイから行なうことができるようにしておかなければならないとも考えていた。

昭和十七年十二月、新任の参謀本部第三部長で交通通信の責任者である若松只一中将が、南方軍の鉄道関係参謀を東京に呼びつけた。

「タイ（泰）とビルマ（緬）のあいだを結ぶ鉄道建設の件は、作業が進んでいるか」

南方軍鉄道関係組織図（昭和18年1月1日）

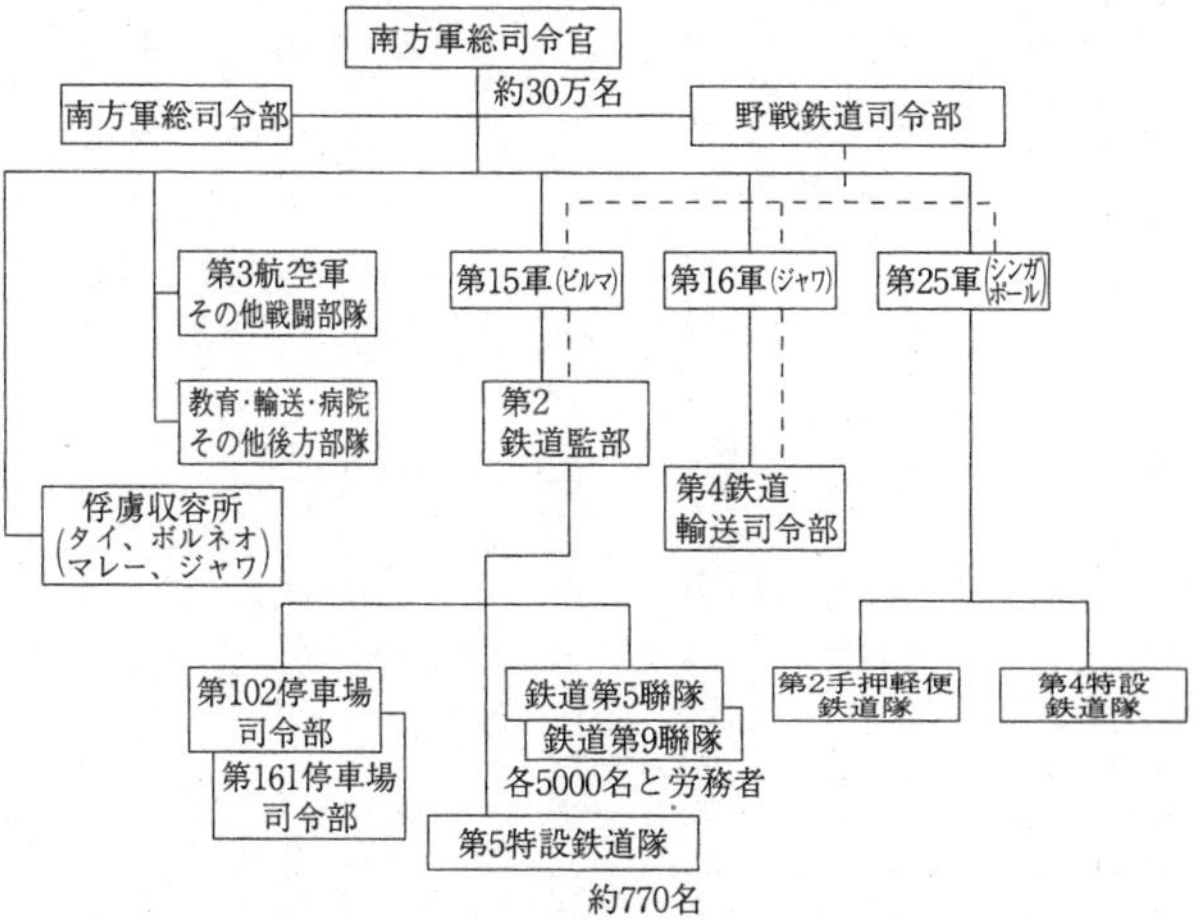

「十八年末を目途としてということでありましたので、七月から見積もり資料を収集し、現地の測量もして設計をし、一部では工事をはじめております。しかし工事の状況から判断しまして、一年後の期限では、とうてい不可能でございます」

「なぜだ。演習時の敷設速度から見て、敷設可能と判断したので、十八年末としたのだ」

「現地は山と谷がちの地形で密林に覆われております。トンネルを掘ることは不可能でありますので、勾配を小さくして通過するために、多くの場所で密林の木を切り出し高く足場を組みます。その上にレールを敷くことになりますが、その区間が一万五千メートルにもなります。

また、四百キロメートル以上の全線の

ほとんどが、人家がないところを通りますので、人夫を集めることも容易ではございません。

もうひとつ問題があるのは、夏の雨季は工事がほとんど進まないことであります。ふだんのスコールでもあっという間に水位が十メートル以上も上昇し、せっかく築いた基礎が流されてしまい、最初からやり直す状況が生じております」

「技術者はどうも完全を追及するから困る。今は平時ではない。手を抜くことができるところは手を抜いて、期限までに完成するように努力をしろ。作戦の要求に応じるのが鉄道部隊の任務だ」

頭からこういわれると、参謀はそれ以上、いい返す気になれなかった。

「ところで期限だが、杉山参謀総長閣下はさらに四ヵ月の短縮を要求しておられる。つまり来年の八月末までだ。

参謀本部も、資材などで南方軍の要望があれば、手当をするつもりだ。主任部員とよく相談をしてくれ」

歩兵出身の若松中将は、鉄道のことはよく分からない。しかし、作戦上の要求には敏感である。こうしてただでさえ困難な鉄道敷設工事が、さらに工期を短縮された結果、現場で悲劇が生まれた。

工期短縮を命じられた南方軍参謀は、それでも粘れるだけ粘って主任部員から、工事をいくらかでも容易にするための約束をとりつけた。予備の資材・ダイナマイトなどの大量補給、一日あたり計画輸送量の半減、工事鉄道部隊の増強である。輸送量を減らせば、あらゆる規格を小さくすることができるので、工事の手抜きが可能になる。枕木の本数や橋の基礎丸太の数を減らすこともできる。機関車が曳く貨車の数が減り、機関車も軽いものですむからである。

本来の設計上は、切り通しは四十五度の傾斜にしなければならないのだが、垂直にして工事量を減らすこともした。カーブの半径も標準より小さくして、小型のC56機関車がようやく回ることができるものにすることもしている。これが戦場の鉄道工事であった。

工事を担当するのは、タイ側から鉄道第九聯隊、ビルマ側からが鉄道第五聯隊であるが、第五聯隊の一部が広東で行動していたので、これを聯隊に返してもらうことになった。また鉄道省の職員が主体の、第四特設鉄道隊がマレー半島で行動中であったが、この鉄道隊もビルマ側の工事に加わることになった。別に歩兵や後方部隊の一部が工事に加わる。

こうして集めた約一万人の日本兵と南方各地の現地人工夫七万人、それにオーストラリア兵・オランダ兵の捕虜五万五千人、計十三万五千人が工事に参加した。象も四百頭を使用している。

泰緬鉄道の建設工事

工事はバンコクからシンガポールに向かう鉄道のノンプラドックと、ビルマのラングーンから海岸沿いに南下する鉄道のタンビザヤを結ぶものとして、両側からはじまった。一千メートル級の山が連なるインドシナ山脈の東側中腹にレールを敷設する形になるので、工事部隊の補給は、敷いたばかりの線路を利用することになる。

レールは十メートル、ゲージは一メートルちょうどである。工事用のレールや枕木などの資材を最初に運んでくるのは、鉄道牽引車であった。自動車型のガソリンエンジン車を線路に載せて、小さな貨車を数両曳かせる中国戦線でも使われていたものである。

早ければ一日一キロメートルの割合で工事をしながら前進するが、夜は野外でそのまま寝る。兵はテントで寝て、炊事当番が炊事をしたり、飯盒《はんごう》を使ったりする戦場生活であり、捕虜は、捕虜（正式には俘虜）収容所から派遣されてきた監視兵の監視のもとにテントに収容されて寝るが、寝具はないのと同じであった。

テントに入りきらないものもいるので、雨のときは交代でテントに入ることもあった。もっとも雨漏りがするテントなので、熱帯の豪雨の中ではあまり役にたたない。地面には床代わりの竹が並べてあった。

捕虜たちがうれしそうに騒いでいる。

「おー、今日はライスだけでなく肉スープがついているぞ」

「そのようなことがあるはずがない。何かのまちがいだろう」

「いや、メシあげをしているのを見たのだからまちがいない」

その日は移動して捕虜たちが新しい自分たちのキャンプ地をつくったご褒美であったのか、確かに肉片が入っているスープが出た。しかし日本兵の口には入らなかった。

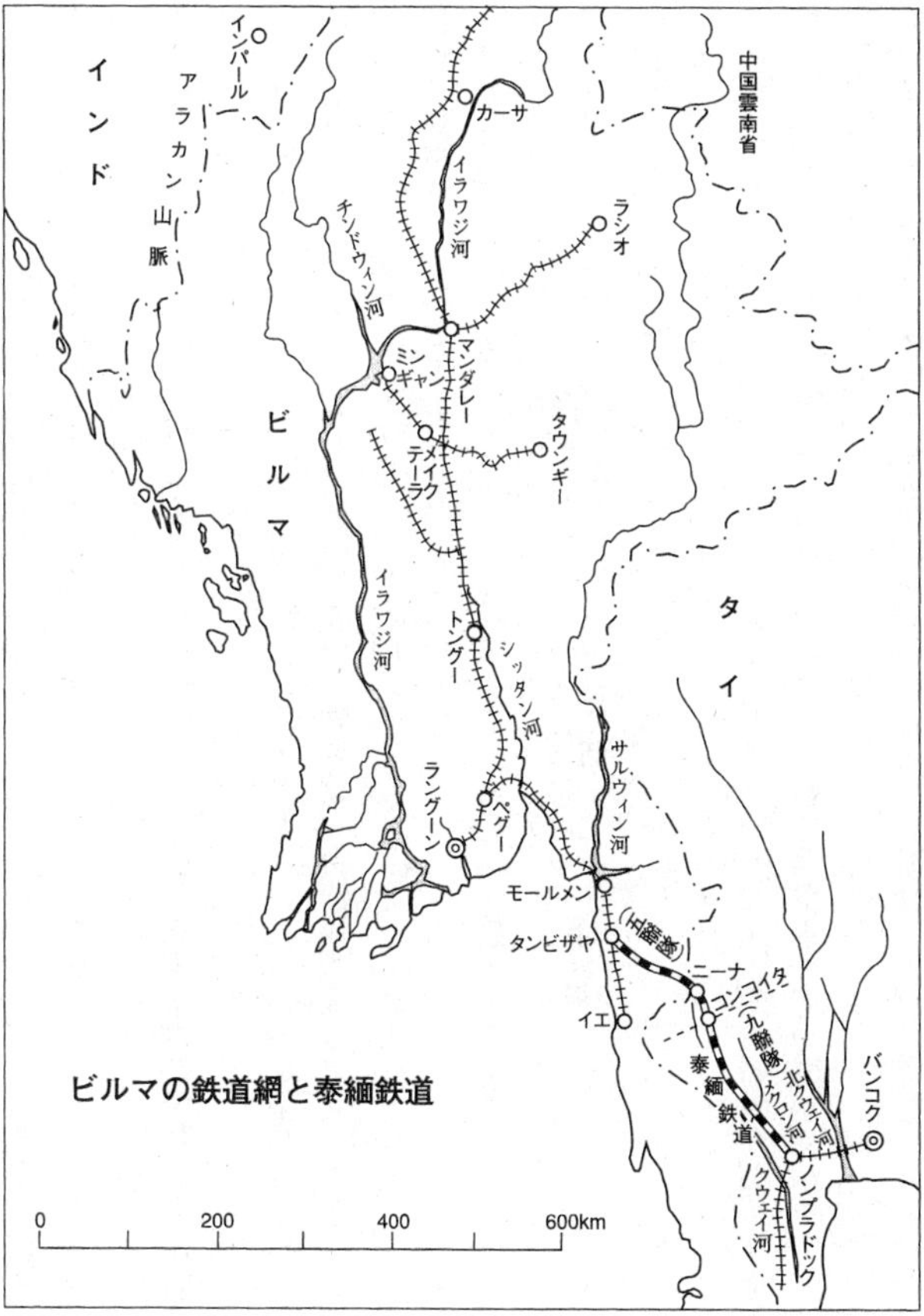

ビルマの鉄道網と泰緬鉄道

これは、西洋人は肉を食べないと力がでないと信じている俘虜収容所長が、生きている豚を後方から送ってきたおかげであった。鉄道聯隊の兵士の給養は、補給の系統が別なのであいかわらずのご飯に、漬物がつけばよいほうである。

捕虜たちは朝、点呼を受け食事をした後に、作業の監督をする鉄道聯隊の兵に引き渡される。

「整列ッ」と、朝鮮人看守がどなる。かれは軍属であり、兵員の不足を補うため捕虜収容所の職員として配置されていた。当時はまだ、朝鮮籍・台湾籍の人は徴兵の対象になっていなかったので、志願兵または軍属としてこのような形で戦争にかかわっていた。工夫として、臨時の軍属身分で鉄道工事に加わったものもいる。

整列した四十名ばかりの捕虜たちを指揮しているのは、捕虜の下士官である。看守から引き渡し員数を告げられた作業監督の日本兵が現われた。

「そろっているか」と、指揮者の捕虜下士官に聞く。

「四十メイ、ソロテイル」

「よし、前へ」

監督兵の命令で工事現場にいくと、鍬やもっこといった土工用の道具がおいてある。削岩機が唯一の器械らしいものであり、人海戦術で鉄道の路盤をつくっていく。

「はっぱ用意ッ」

ダイナマイトで岩を砕く号令がかかった。しかし、慣れないだけでなく日本語が分からない捕虜たちは、まごまごしている。

「バカヤロー、お前、死にたいのか」

監督兵が、まごまごしている捕虜を竹のむちで殴りつけた。

岩に穴をあけていた捕虜は、そこにダイナマイトを詰めたことが分かっている。

タイ・ビルマ間のクワイ河沿いに完成した泰緬鉄道

「下がれ、ダイナマイトだ」と叫ぶかれの声で、ようやく意味がわかった捕虜たちは、のろのろと爆破現場を離れた。

「ドカーン」という爆破音は、捕虜たちに戦場の恐怖を思い出させ、反射的に地面に伏せるものもいた。

大きな岩が砕け散り、一部は、ゆっくりと斜面を谷に向けて転がり落ちていった。しかし捕虜たちは、ゆっくりしていることは許されない。

「作業始めー」の号令で、ふたたび持ち場に戻り、三十分ほどの昼食時間を除いて、仕事を続けなければならなかった。

昼食といっても、自分たちで飯盒に詰めてきたライスだけである。小高いところから見張っている監督兵の食事も同じであった。暑さで半ば腐りかかっていて、すえた臭いがすることもあった。それでも食べないと、体力がもたない。日本兵も捕虜も、飢えていることでは同じであった。

捕虜たちに対して威圧的で、何かというと殴りつける監督兵も、好んでそうしているわけではない。多くの捕虜を、逃走しないように見張りながら、ようやく身体だけを動かしている彼らを使って、割り当てられている工事を期日までに仕上げなければならない。いつ捕虜たちに襲われるかもしれない緊張と責任の重圧のなかで、捕虜に暴力をふるうことになるのは、やむをえない面があった。

捕虜たちは、失敗の罰則として重いものを両手で前に保持させられ、耐えかねて降ろすと、殴り倒されたことを野蛮な制裁と捉えていたが、監督兵としては、自分たちが兵営で日常的に体験していた罰則を、捕虜に科しただけのことであった。それをせずに割り当てられた責任を果たすことができないばあいは、それ以上の罰が、監督兵自身の身に加えられる可能性があったからである。

戦前は小学校でさえ、これに似た罰を児童に加える教師がいたのであり、日本の戦前から戦時にわたる社会的な風潮から生じた習慣だといえよう。

現場で仕事をしたのはもちろん、捕虜だけではない。南方各地で集められた工夫たちは、捕虜よりはましな扱いを受けたにしても、食事が十分ではなく米の飯に冬瓜《とうがん》の塩汁を取りながら、テント生活をすることでは捕虜と同じであった。イギリス支配からのインド解放を求めているインド人やビルマ人の一団も、その中にいた。

鉄道聯隊の建築隊には技術者が集まっているので、難しい工事はかれらが担当する。前に述べた第四特設鉄道隊もこれに加わる。橋の建設はかれらに頼ることが多かったが、工事にかかる前に測量をしなければならない。大まかなルートは航空写真で決定してあったが、細かいルートは現地を見てから決めなければならない。

工事のとき最初に密林に入るのは、象部隊であった。象に乗った測量隊の軍属が大まかな測量をしてレール敷設のルートと橋の位置を決めると、そのつぎに簡単な道路をつくり、最初の工事に必要になる資材を、牛車やトラックで運搬してくる。

「橋の位置は向こうの斜面の岩の上、こちら側は約十メートル下流の岩盤の付け根の部分だ。やや斜めになるが、それでもレールの勾配は千分の二十五でぎりぎりだと承知していて欲しい」

橋の設計を担当した技師が、工事計画を説明する。

「基礎の丸太を置く場所には後で丸印をしておくが、そこの岩を約十センチ掘りくぼめて、構造材が滑らないようにする。大雨のとき水位があがってくるので、水圧に耐えるように頑丈なものにする必要がある」

こうして工事手順が決まり、工事の根拠地になるテントや作業小屋の基地ができあがると、すぐに工事がはじまる。建築隊には鉄道関係出入りのとび職や左官、大工、石工のような職人出身者が集められていたので、橋の基礎を組み上げるのはお手のものであった。

しかし、建設途中に出水して橋脚が流され、最初から工事をやり直さなければならないことも多かった。現地人が出水を利用して、切り出した自分たちの材木を流すので、それが橋脚に衝突して、せっかく造ったものが破壊されることもあった。

レールが延びてくる前に橋の工事をするので、奥地では、数少ないトラックが活躍した。また橋の基礎の組み立てに必要な丸太は現地で切り出すが、運搬するのに、象は大切な戦力であった。現地の牛車さえ運搬用に使われたのである。豪雨があるとトラックは、ぬかるみにはまって動けなくなる。そのような場所では、動物が大切な輸送手段であった。

ルートのなかで鋼鉄製の橋が造られたのは一ヵ所だけである。比較的バンコクに近いところで、西クウェイ河と北クウェイ河の合流点の北側上手に現在、メクロン橋という鉄橋が残っているのがそれである。河の名前は、正確にいうとクウェイ・ノーイ河であるが、日本ではクワイ河として知られている。

昭和三十二年に、「戦場にかける橋」というアメリカ映画が日本で上映された。そのなかで捕虜のイギリス兵たちが、日本兵にいじめられながらもジョンブル魂を持ち続け、将校まで工事に動員されて日本軍のために立派な鉄道橋をつくりあげたと描かれている。捕虜たちが口笛で行進曲を吹きながら、堂々とした態度で整列して作業場に向かう姿が描かれており、その態度に感動したことを覚えている年配者はおおいだろう。

この橋のモデルがメクロン橋なのだが、映画は事実とはちがっていた。捕虜の労働力を使ったのは事実だが、映画のような奥地ではなく、山地にかかる手前である。

工事にあたり、英軍将校が設計に手を貸したというが、これもちがう。鉄道第九聯隊の専門技術者たちが設計し、ジャワから鋼鉄の構造材を持ってきて建設している。また映画の最後に、脱走した捕虜たちが、自分たちが苦労して建設した橋を爆破しようかどうかと悩み、最後には爆破することになっているが、爆破されることなく現在も、鉄道橋として使用されている。鉄橋を架ける前に仮の木橋を架けているので、それを映画化したのであろうか。

しかしその他は木橋で、戦争末期の爆撃や破壊工作で破壊されたものは多かった。この橋も爆撃されたが、それでもそのつど修復されている。

さて橋ができあがると、レールがそこまで延伸されてくる。レールといっても材料が完全にそろっているわけではないので、あちこちの鉄道の予備の分を持ってきたり、複線の半分を外したりして継ぎ合わせているので、連接がうまくいかない。

「あと一センチ手前、そのまま下ろせー」

「困ったな、こちら側のレールが短いぞ」

「カーブが急だからな。外側を長尺のものと取り替えてみるか」

臨機応変に行動するのがこのような鉄道建設のコツである。橋が先に造られるので、伸びてきた軌道がルートから五メートルもずれているようなことは珍しくなかった。この場合は分かったときから少しずつ修正していくが、線路が、結果的に急カーブになってしまうことがあった。そのため試運転中は、人が歩くていどの速さのノロノロ運転でありながら、何度も脱線している。

途中に多くの駅がつくられたが、駅舎を建てるのも建設任務に入っている。待避線をつくり、資材の集積場所もつくらなければならない。この鉄道の蒸気機関車は、石炭ではなく沿線で入手できる薪を燃料にしたので、薪の集積場所も必要であった。機関士は、燃料がなくなると集積場所で補給しながら、運転を続けたのである。

機関車はC56を、薪用に改造したものであった。この機関車は南方用に九十両送り出されたうち半数が戦争で失われたというが、戦後も南方各地で活躍していた。

建設した鉄道のタイ側は現在も使用されていて、ディーゼル機関車が使われているが、当時から戦後にかけて使われたC56機関車が、メクロン橋の近くに保存されている姿が見られる。

こうした苦労はあったが、技術者の創意工夫と、捕虜を含む工夫や鉄道兵の人海作戦のおかげで、昭和十八年十月二十五日に、泰緬鉄道の開通式が行なわれた。予定の八月末から二ヵ月遅れていたが、最初の計画よりは二ヵ月早かった。

工事を南北から担当した鉄道第九聯隊と第五聯隊のレールが連接されたのは、中間より北寄りのコンコイタという地点であった。実際の接続は十月十四日であったが、式典は二十五日に行なわれている。ノンプラドックとタンビザヤ間の総延長距離は、四百十五キロメートルであったが、北側は難所がおおく、コンコイタまで百五十二キロメートルを建設した第五聯隊は苦労している。

コンコイタ駅には、タイとビルマの両方から式典に参加する高官たちが列車で到着した。連接地点に金色の犬釘が打ち込まれたのは、慣習どおりであった。兵士たちには貴重品のビールとタバコが配られ、完成を祝った。

いっぽうで出席者たちは、建設中に亡くなった多くの犠牲者に黙禱をすることも忘れなかった。犠牲者は工事参加者全体の三分の一に近い四万二千人であったといわれている。

工事参加者の延べ数は、現地各国労務者が延べ約二十万人もいたので、総数二十五万人を超えていたという推定もあって、この参加者のなかの死者を加えると犠牲者がもっと多くなり、総計で七万人になるという説もでている。

投入捕虜の延べ合計六万人のうち五千二百人が犠牲になったという計算もあるが、全体で三分の一が犠牲になったという通説と比較してみて、捕虜は、総数の一割以下の犠牲しか出していない計算になるので問題がある。真相ははっきりしないが、全体で万単位の犠牲が出たことはまちがいあるまい。

犠牲者は事故によるものよりも、コレラ・チフスのような伝染病やマラリアのような風土病によるものが多かった。不衛生で食糧も不十分な環境で、激しい労働により体力を消耗したからである。日清戦争前に、東海道線を三年間余で建設した早さに比べて二倍以上の速さで作業をしたのだから、むりもなかった。

この鉄道はその後の日本軍の補給に役立ったのであり、

昭和18年7月、ビルマのキャンドウ付近で行なわれた鉄道第9聯隊のコレラ死亡者告別式

航空攻撃やゲリラによる破壊活動を受けても鉄道聯隊が補修し、終戦時まで少なくとも、一日一回の往復を欠かさなかった。それでも輸送量は、一個師団を養うのがやっとというていどではなかったろうか。

この鉄道は、昭和十九年三月にはじまった北ビルマからインドに向かう三個師団のインパール作戦のときも、少量ではあってもタイからの後方補給に一応、役にたっている。

空中からの支援を受けることができず、地上からの補給も難しかったこの作戦は、補給がないために将兵が飢えて敗れたといわれている。鉄道第五聯隊は、この作戦の輸送や保線を担当している。

たしかに鉄道輸送量は少なかったが、問題は、鉄道から先の輸送手段がないために起こっている。馬が多数いれば、いくらかはちがったであろうが、車しか曳いたことがない現地牛に荷物を背負わせて山道を歩かせ、歩く食糧兼用として連れて行くなど、補給・輸送の体系への配慮が少なかったことが、失敗の大きな原因であろう。

泰緬鉄道建設の経験を買われた鉄道第九聯隊の一部はその後、現在のインドネシアのスマトラ島横断鉄道の建設に加わっている。島の中央部ロガス炭鉱からコークスを搬出するのが目的であったという。

ここでは日本の民間業者が主体になって鉄道工事をしていたが、平時の感覚で工事をするので遅々として進まない。そこで鉄道聯隊に工事のお鉢が回ってきたのであり、聯隊はオランダ人捕虜と現地人工夫を使って、昭和十九年四月から工事をはじめた。

インド洋側のパダンからは途中のムアラまで線路が敷設されていたので、そこから島の反対側で、海峡を挟んでシンガポールを対岸に見ることができるところに近い、バカンバルまでの工事をしなければならない。この工事が終わったのが、終戦の日であった。

すでに日本敗北の情報が入っているなかで、形ばかりの完工式が行なわれはしたが、鉄道は本格的に使われることなく、工事部隊の撤収に使われただけであった。

捕虜虐待の理由による戦犯処刑

泰緬鉄道建設工事への捕虜の使役は、戦後、連合軍にショックを与えた。下士官兵を戦闘と無関係の労務に使役することは、国際法で認められている。しかし、この鉄道建設がビルマでの作戦に無関係であったとはいえない。だがそれよりも、元捕虜たちが収容所で虐待を受けたと証言し、実際に死亡者が多かった事実が、問題になった。シンガポールに設けられた戦争犯罪法廷で、そのことが、日本軍が国際法に違反したと直感的に判断される材料になった。

泰緬鉄道建設関係で、戦犯容疑で逮捕された者は、シンガポールの英チャンギー刑務所に留置されたものだけで二千人に達したという。しかし、予備的な取り調べのうえ、裁判の対象になったのは、その一割であった。最終的には、英蘭豪のそれぞれの法廷で、全体で百二十人が起訴され、百十一人が有罪とされたなかで、三十二人が死刑になった。収容所の軍属看守として服務していた朝鮮人も、これとは別に九人が死刑になっている。

捕虜たちがいちばん問題にしたのは殴打であるが、習慣のちがいもあり、裁判の場では大きく取りあげられることはなかった。そのためか現場監督の鉄道聯隊からの死刑者は尉官二名だけであり、捕虜の管理に責任がある俘虜収容所関係者多数が、管理不適切として死刑にされた。最高位者では、初代のタイ俘虜収容所長であった少将が責任を取らされて死刑になっている。

多くの判決を一口でいうと、「国際法に違反して捕虜を不当に取り扱い、多数の病死者・死者をだした」ことが理由になっている。直接手を下して捕虜を殺害したり、瀕死の重傷を負わせたと判断されたばあいは、それが死刑理由になるが、直接手を下さなくても管理責任をとわれた俘虜収容所所長のような立場の将校が、処刑された例が多い。軍事法廷ではあっても裁判の形で行なわれているので、極端に報復的な裁判は少なかったというべきであろう。

しかし、東南アジアの連合軍総司令官でイギリス人のマウントバッテンが、「文明の法律により裁かねばならない」と述べたにもかかわらず、被告に陳述の機会を与えない問答無用の裁判が、捕虜であったものを裁判官にして行なわれたり、国際慣習になっていると主張して法的には問題がある方法で、裁判が行なわれたりした。そのため無実のものが処刑されたこともあるといわれている。

鉄道工事の現場では、日本兵も捕虜も同じように働いた。工事の完成を一日でも早くという、参謀本部の要求があったからである。

工事の遅れの原因を知るために、参謀本部の高官の視察が行なわれたこともある。そのなかで日本兵が、くわえタバコで監督だけをしていればよいというわけにはいかない。それどころか、捕虜には収容所の系統の補給品としてタバコもいくらか与えられていたのに、鉄道聯隊への補給は途絶えがちであり、タバコどころか、食事も米飯だけで、塩を振りかけたり塩汁をつくったりするのがやっとであった。

食事にしても衛生状態にしても、捕虜収容所の責任者は、可能な範囲で改善の努力をしていた。そのため日本兵の口には入らない豚肉を、少量であっても供給していたのである。

コレラでの捕虜死亡者がおおかったが、病原菌は、捕虜がシンガポールから工事現場に移動するときに持ち込まれたものらしい。医薬品も消毒薬も少ない工事現場では、対応ができずに多くの捕虜を死なせてしまった。英人軍医も工事現場のテントにいたが、水を煮沸したり、病人をできるだけ隔離したりするほかに打つ手がなかった。

マウントバッテン

捕虜たちは、あるていどはこのような状態を知っていた。そのため自分たちだけが、十分な食事を与えられずに酷使されたと主張することはできなかった。そこで、そのような待遇しか与えることができなかった俘虜収容所の責任者たちが、処刑されることになったのであろうが、責任者たちは捕虜取り扱いの国際法の知識があり、対応可能なことは実行していた。

たとえば捕虜たちは、ときおり故郷への手紙を書くことを収容所から求められたことをふしぎに思っているが、これは国際法に従った処置であった。

「はがきを支給するので家に近況を知らせるようにと、看守がいってきた。あとで集めるが、日本軍の検閲があるから、苦労していることを書くと、家に届かないかもしれない。そのつもりで書きなさい」

と、英人将校の指導があった。

「食べ物が少ないことを書くとまずいかナー」

「書いたからといって、本国から小包が届くわけではあるまい」

「それもそうだな、元気でいるとだけ書いておくか」

こうして病人でさえ、家族に心配をかけないように、「愛するエリザへ。元気で暮らしている。生きて国へ帰るから安心しなさい」とだけ書いて将校に渡した。収容所は、捕虜の集団の各責任者からはがきを集めて、赤十字を通じて捕虜の故郷に送っている。

昭和十八年の段階では、日本軍も国際法を守る余裕があった。日本は捕虜に関する条約に署名しており、開戦まもない時期に、その批准はまだすんでいないが準用することを連合国に約束していた。

そのため補給状態がよいシンガポールの収容所では、捕虜たちも飢えに苦しむことなく、日本兵とベースボールをして楽しんだことがあった。

しかし戦争が進み、違法な無差別爆撃が行なわれるようになると、日本の住民のあいだにも敵兵に対する復讐心が沸いてきた。爆撃後に、撃墜された飛行機から脱出した敵兵を、住民が取り囲んで半死半生の目にあわせたり、捕らえられたそのような敵の兵士を、裁判手続きなしに警備を担当する軍隊内で処刑したりする事件が起こった。

こうした行為が戦後、連合軍によって国際法違反とされ、行為者や責任者が軍事法廷で死刑を宣告されている。いわゆるBC級戦争裁判である。しかし、泰緬鉄道の建設工事のころは、日本軍も米英軍も国際法を守る意思があったので、法的に大きな違反事件はなかった。それが、逮捕者が多かったにもかかわらず起訴理由を見つけることができずに、百二十人だけの起訴に留まった状況に示されている。

終戦へ

「朕は帝国政府をして米英支蘇四国に対し其の共同宣言を受諾する旨通告せしめたり。……朕は帝国と共に終始東亜の解放に協力せる諸盟邦に対し遺憾の意を表せざるを得ず……朕は時運の赴く所耐へ難きに耐へ忍び難きを忍び以て万世の為に太平を開かむと欲す」

昭和二十年八月十五日の正午、日本国民は初めて聞く昭和天皇のラジオ放送に耳をすませていた。雑音があって聴き取りにくかったが、それでも天皇の戦争を終える意志が示されていることはわかった。四国の共同宣言とはポツダム宣言のことであり、日本軍の無条件降伏と武装解除を要求し、民主主義国家を建設することを日本国政府に要求するものであった。

政府が、ポツダム宣言の受け入れを、スイスを通じて連合国に回答したのは前日の十四日であり、それ以後、連合軍は、停戦をはじめていた。

日本では、十六日夕方に大本営から停戦命令が出され、十七日に天皇の停戦の勅語が軍人に伝えられて、二十五日に復員が発令された。だが復員のためには、輸送手段が確保されていなければならない。国内ではそれまでの延長で鉄道輸送が行なわれればすむが、大陸の鉄道輸送の確保が問題であった。

国鉄は七月二十七日に、義勇戦闘隊が召集されて戦闘部隊になり、鉄道義勇戦闘隊として軍の指揮下に入っていたが、これはすぐにもとの態勢に復帰した。

しかし、鉄道がもとの態勢で運行をはじめていた十七日の早朝、水戸駅に三百九十人ばかりの兵がやってきた。水戸の航空通信関係の教育部隊に所属する、曹長の階級章をつけた特別甲種幹部候補生や、中学校の学業半ばで採用された少年飛行兵たちである。

指揮官は少佐で、他に指揮官職の数名の将校もいた。実はかれらは、降伏に反対している一団であり、東京で同じ考えのものが立ち上がっているという噂を聞いて、上野公園に集合するために部隊を抜け出てきたのである。かれらを止めようとした大隊長が、すでに血祭りに挙げられていた。

かれらは駅に入ってきた仙台行きの列車を止め、駅員に強要して逆方向の上り列車に仕立て、日暮里駅近くの線路上に列車を停車させて上野公園に向かった。

それ以前に、市ヶ谷の陸軍省に、降伏に反対していた将校たちがいて、十五日の早朝に、天皇の終戦詔勅の録音盤を奪おうとして失敗し、近衛師団を動かそうとしてこれも失敗していた。彼らの行動を止めようとした森師団長は射殺されていた。

そのことを知らずに上野に集まった水戸の兵も、目的を達成することはできなかった。陸軍航空本部で情勢を説明された彼らは、あくまで降伏反対を主張する仲間の少尉を斬り、水戸に帰ったうえで、将校は自決をしている。他に三人の将校が、かれら降伏反対派の将校に殺害されている。

このような混乱はあったものの、内地では鉄道による復員が比較的順調に進んだ。しかし外地では、戦っていた相手と降伏交渉をしてから、武装解除と復員準備に入らなければならないので、鉄道の運行が混乱した。

マレーやビルマなどの東南アジアを管轄していたのは、仏領インドシナのサイゴンに司令部を置く南方軍であったが、寺内総司令官が病気のため、総参謀長沼田多稼蔵中将が、八月二十八日にビルマのラングーンの連合軍東南アジア総司令部で、降伏協定を結んだ。

協定の柱は、混乱を避けるためしばらくは日本軍の指揮系統を維持して、段階的に各地域の施政権を連合軍に引き渡すことであり、鉄道もしばらくは、それまでどおり日本軍の統制下にあった。

その後、連合軍各国部隊が進駐してくると、日本軍は武装解除されて収容所に収容されたが、食糧はそれまでに蓄えられていたもので、自給しなければならなかった。その後一年半以上かけて内地への復員が行なわれたが、鉄道は引き渡した後も復員兵の輸送に役だった。一部では、日本人鉄道関係者が輸送に協力させられている。

中国軍が武装解除を担当した地域の状況も、南方とあまり変わらなかったが、満州から朝鮮にかけては、ソ連軍の侵攻があったために、事情がちがった。中国共産党軍が勢力を拡大していた中国西部も同じである。

赤色軍の戦後鉄道処理

シナ事変の時期に、中国西部の延安に指導部を置いていた中国共産党は、日本軍だけでなく蔣介石の国民党軍とも戦いながら陝西省、山西省とその周辺に勢力を広げて、日本のポツダム宣言受諾のときを迎えた。

かれらは八月九日の、ソ連軍の満州への侵入にあわせて、満州方面や山東方面に進出をはじめた。八路軍や新四軍と呼ばれた部隊がこれである。これら中国共産党軍は、北京から奉天や南京に向かう鉄道を破壊し、日本軍や蔣介石軍の移動を妨害している。

ソ連軍は九日に満州と北朝鮮に侵入し、それに続いて日本のポツダム宣言受諾後に、南樺太や千島にも武力を使ってなだれこんだ。

最初にソ連軍の攻撃が始まったのは、満州西部の外蒙古、現在のモンゴル国に接した地域であった。鉄道が利用できる終点タムスクがモンゴル内にあり、ソ連軍がシベリア鉄道でヨーロッパから大軍を送り込んでいたことは、日本軍も六月から察知していた。

ソ連軍は何千両という戦車と何千機という航空機を先頭にして満州に侵入してきた。日本軍はとうじ、航空機部隊や戦車部隊のほとんどを南方戦場に転出させており、歩兵も応急的にかき集めた補充兵が多く、戦力が弱かった。それでもこの方面には、ソ連軍の侵攻に備えるコンクリートで固められたトーチカ陣地があり、一応の反撃をしている。

「来たぞ、撃てー」

速射砲が戦車を攻撃するが、「カン、カン」と、弾がはね返される。歩兵が爆雷を持って潜んでいる壕から飛び出し、戦車のキャタピラの下に突っ込むと、「ドカーン」と、爆発音だけは大きく響いたが、戦車はなにごともなかったかのように再前進をはじめる。

第一線部隊の戦況報告を受けた新京（長春）の関東軍司令部は、ハルピンの付近まで後退するよう命令したが、第一線部隊は、後方には陣地がないことを理由にして、ほとんどが現在位置で戦闘を継続した。北の国境も状況は同じである。関東軍は最終的には、山地が多い朝鮮満州の国境方面に防御線を敷くことを計画して、第一線部隊を後退させようとしたが、実質的には不可能であり、混乱を招いただけであった。

第一極東方面軍に降伏した日本兵

後退するときは鉄道を利用する。満鉄は開戦と同時に、関東軍の大陸鉄道司令官の指揮を受けていた。関東軍は開戦翌日の十日夕方から、第一線に近い民間日本人を優先し、続いて官、軍の順序で新京、奉天方面に後退させることを決定した。しかし、第一線の部隊は居留民保護よりは戦闘と軍事輸送で忙しく、混乱のなかで軍民の区別がない後退がはじまった。ソ連軍は鉄道のレール上を戦車で進撃するので、通過後は破壊されて、列車の運行ができなくなった。

後退する列車に乗り遅れた民間人は、着のみ着のままで線路沿いにハルピンの方向に歩きはじめたが、途中で暴民に、身ぐるみ剝がれ、ソ連兵に暴行されたり殺害されるなどして、無事に避難できたものは少なかった。

そうしているうちに終戦のラジオ放送を聞いた関東軍司令部は、終戦処置に向けて動き出した。

八月十七日に関東軍は、東京から派遣された竹田宮恒徳親王中佐から正式の終戦命令を受けて戦闘を停止し、ソ連軍と停戦交渉をはじめた。その結果、二十日十一時までに完全に戦闘を停止し、鉄道はソ連軍の管理に移すことになった。奉天付近では十八日に、ソ連の軍用列車のほかは移動を禁止されたので、軍隊も避難民も、移動ができなくなった。

また、日本軍は食糧を自給することをソ連軍から要求されたので、食糧の鉄道輸送はソ連軍に申し込んでその統制を受け、労力は自分たちが提供して実施するほかなかった。

しかし、それもできない民間の日本人は、苦労しながらその後の引き揚げ時期を待たなければならなかった。引き揚げは、昭和二十一年中に百万人以上が、万里の長城に近い葫蘆《コロ》島などから乗船して行なわれた。

乗船場所までの移動は鉄道によることが多かったが、満鉄の元社員たちがそのころまで多数、最初はソ連軍に強制され、後には米軍にも命令されて輸送にあたっている。満鉄は九月三十日に連合国軍総司令官命令で解散したことになっていたが、元社員たちは、無給でそれまでどおりに働かねばならなかった。

瀋陽（奉天）駅近くにある旧日本軍兵営跡付近

ソ連は戦争の賠償物の名目で、占領地にあった日本軍の兵器弾薬や、兵器廠の集積物を接収しただけでなく、満鉄関係や日系のあらゆる工場の設備資材や鉄道車両を接収し、それに一部のレールまで外してシベリア方面に輸送した。日本人従業員はそれを手伝わされたのである。鉄道で輸送したのは物だけではなく、シベリアで開発工事に従事させられた五十万人以上の、日本兵などが含まれていた。

このようなソ連の行為を連合軍各国が非難し、中国共産党も非難したので、ソ連軍は一九四六年（昭和二十一年）四月中に満州から撤退しなければならなくなったのであるが、それまでに、根こそぎ略奪に近いことをしていた。連合国軍総司令部は、満州の物件は蔣介石政府が接収すべきだと考えていたが、ソ連軍が先に、接収の事実をつくってしまったのである。

これは北朝鮮や南樺太でも同じであり、南樺太では日本の鉄道を接収しただけでは足らず、昭和二十四年に、樺太用としてD51機関車を川崎や日立など日本の五社に、計三十両納入させている。これは正式に連合国軍総司令部から命令されたのであり、商工省が指定した工場で造った製品が納入された。

ソ連軍は五月に、完全に満州から去ったが、その後の力の空白に乗じて満州では、共産軍と蔣介石の国民政府軍が内戦を始めた。満州の形式上の主権者は国民政府であり、その後ろ盾の米軍の一部も南部満州に入っていたが、実質的な新しい満州の支配者は、中国共産党であった。

中国共産党軍の進出地では、日本の元軍人の一部が共産軍に頼まれて、日本製の兵器の用法を教えたり、国民政府軍（蔣介石軍）との実戦に加わったりしたほか、元鉄道兵の日本軍人や元満鉄社員が、列車の運行や修復に携わった例がある。国民政府軍が日本軍の武装解除にあたった地域でも似たようなことが起こった。

鉄道は兵器と同じ扱いを受けていたのであり、満鉄従業員も半官半民の日本人であって、勝利者側が利用する権利があると考えられていたといえよう。

そのようなこととは別に、満州の中国共産党軍の進出地でも日本人が戦争犯罪人として逮捕され、約三百人が死刑にされたといわれている。そのなかには満鉄関係者の姿もあった。

第七章 敗戦直後の日本の鉄道

占領軍の政策

昭和二十年九月二日の早朝、横浜港をアメリカの駆逐艦一隻が、東京湾内横須賀沖合に停泊している戦艦ミズーリに向けて走り出した。台風一過で空気はすんでいたが、艦上の日本人たちの心は沈んでいた。

九時にミズーリに到着した日本の降伏調印代表団は、全権の外務大臣重光葵《まもる》を先頭にして全権参謀総長梅津美治郎《よしじろう》陸軍大将が続き、参謀本部の宮崎周一陸軍中将以下九人の随員がタラップを上った。海軍代表は横山一郎少将である。だれもが嫌がった役割を、参謀職にない連絡役の若い横山が押し付けられていた。外務省の次席は、終戦連絡を担当していた事務局長官の岡崎勝男であった。

「日本は降伏条件を守り、世界が平和になり自由と寛容と正義をめざして進むことを望む」という意味の、簡単な、マッカーサー連合国代表のスピーチに続いて、日本側全権とマッカーサーが代表署名をした後、出席していた九ヵ国代表の参列署名が終わって儀式が終了した。始まりから終わりまで、二十分もかからない速さであった。

この式場に、一八五四年にペリーが横浜で、日米和親条約を強制締結したときに、旗艦ミシシッピーに掲げられていた合衆国国旗が額に入れて掲示されていた。そのときから九十一年後に、日本はふたたび同じ東京湾で、敗北を認めさせられたのである。

このとき、八月二十日に日本の河邊虎四郎陸軍中将たち降伏準備委員に、連合軍から示されていた降伏後の処置についての占領軍命令が、正式に効力を発生した。内容は武装解除や軍需工業の稼動停止、捕虜の解放が中心になっているが、鉄道については、「運輸施設の情報の提供」として示されているだけで細かい指令はまだなかった。

しかしまもなく、マッカーサー占領軍が直接軍政を布くつもりでいることが分かったので、重光外相は、日本政府を通じて間接統治を行なうほうが、占領行政がうまくいくであろうことをマッカーサーに伝えて、方針を変更させることに成功した。

もし軍政が布かれていれば、日銀券が効力を凍結され、占領軍が発行した軍票が紙幣として通用したはずである。公用語も英語になり、行政は混乱したであろう。沖縄で行なわれた軍政が、日本本土でも行なわれたはずである。

占領軍の直接統治をまぬかれたので、鉄道は運輸省管理のままになった。しかし、戦争中

ミズーリ艦上での降伏文書調印式

に陸軍が運営に介入していたのと、ほとんど同じ状況になった。

占領米軍は伊豆半島を通る南北の線で日本を東西に分け、東は横浜に司令部を置く第八軍が占領し、西は京都に司令部を置く第六軍が占領任務を担当した。後に第六軍の地域には、英印軍、オーストラリア軍、ニュージーランド軍も、しばらく入ったが行政事項にはかかわらなかった。第六軍が米国に帰国したのでその代わりに入ってきたのであり、第六軍が担当していた地域の行政の責任は、第八軍に移った。全体の責任者は東京丸の内に連合国軍（占領軍）総司令部を置くマッカーサー元帥である。

東京湾での降伏調印式が終わると、占領軍の部隊が日本軍の駐屯地跡に入った。函館、青森、仙台、横須賀、横浜、名古屋、和歌山、呉、佐世保などの港が利用できるところはそこに上陸してから、目的地まで列車移動をすることも多かった。

このような占領軍の輸送は、九月八日に、米第三鉄道輸送司令部が統制することが発表され、日本側は、新設の運輸省渉外室が米軍との連絡調整にあたった。その下部組織の横浜、京都、呉にあった鉄道局渉外部が、実際の運輸調整にあたっている。

占領軍の輸送の末端の調整組織として、輸

送司令部の下に鉄道輸送事務所（RTO）が、私営鉄道を含む関係主要駅などにおかれたが、これはかつての日本陸軍の、停車場司令部にあたると思ってよかろう。

このような実務組織とは別に連合国軍総司令部（GHQ）に、民間運輸全般について政策的な指導をする民間運輸局（CTS）がおかれ、運輸省渉外室は、政策的な事項についての指導を受けるため、CTSとの連絡が欠かせなかった。

占領軍の輸送業務

「なんだ、あの帽子は」

「今までのヤンキーとはちょっとちがうな」

「それに靴もちがう」

呉駅の駅員たちがひそひそと話をしている。列車に乗ろうとしている一団の兵士たちは、昭和二十一年二月のある日、モロタイ島から到着したばかりのオーストラリア兵であった。

オーストラリアからフィリピンに向けて反撃を開始したマッカーサーが率いる連合軍は、ラバウルのような日本軍の防備が強固な島を攻撃することなく飛び越して、その次の、防備がそれほどではなく飛行場適地がある島を、攻略しながら北上した。

ニューギニアの地図で、亀の頭の形をしている部分の北にあるモロタイ島は、そのような島のひとつであった。飛行場適地が何ヵ所もありながら、日本軍防御部隊は四百五十名だけであった。

昭和十九年九月に、一万人以上の兵力でこの島に押し寄せたオーストラリア兵を含む連合軍は、すぐに島を占領した。

これにたいしてその南のもっと大きいハルマヘラ島を重点的に守っていた日本軍は、なけなしの航空兵力で上陸軍を攻撃するとともに、五百五十名の逆上陸部隊を発動艇で輸送して地上攻撃をしたが、効果がなかった。その後も少数の切り込み部隊を編成して攻撃したが、連合軍に撃退されていた。

結局、連合軍はここに飛行場を建設して、フィリピンのレイテ島上陸作戦の基地のひとつにしたのである。

そのような島からオーストラリア軍が派遣されてきて、本州の西半分の占領業務に携わったのだから、広島や山口の人々の不安は大きかった。最終的には、ニュージーランド兵と合わせて三万九千人が四国を含むこの地域に入った。しかし彼らは、日本人にはもちろんのこと、先に入っていた米軍にも歓迎されていないことを感じとって、昭和二十一年のうちに撤退していった。

戦後まもないころの国内鉄道輸送は、そのような占領軍の移動と補給に使われる機会が多かった。特に最初の三ヵ月間は、日本軍の武装解除のために六十万人に近い米軍が各地に散らばっていったので、その輸送量が多かった。日本軍から集めた兵器弾薬を海中投棄するために、貨車で港まで輸送した量も多い。小銃だけでも二百五十万梃もあり、その半数が廃棄されたからである。最盛期には国鉄全輸送量の三パーセント以上が占領軍向けであった。それでも本土決戦準備期の日本軍の軍用輸送が、全輸送量の二割近くを占めていたのに比べるとまだ少なかった。

昭和二十一年に入ると、占領軍用の定期専用列車の運行が始まった。ダイヤのうえで東京から門司を経て佐世保にいたる列車が二往復、上野（後に横浜）から札幌に一往復の計画である。

「占領軍専用車か、うらやましい」

「負けたのだからしょうがあるまい」

「アメリカでは、奴らはいつもああなのかねぇ」

「いや最近は、一軒一軒が、自家用車を使うというからなぁ」

「日本が負けたのももっともだ」

全車が占領軍専用列車であるもののほかに、普通の列車の後部の一両か二両が、車体に白い帯が入りヤンキーリミテッドと通称されていた占領軍専用車になっているものもあった。占領軍は軍人軍属だけでなく、家族もこの特別の占領軍専用車を利用した。

改札口も特別になっていて、客車は、将校は二等車、下士官以下は三等車のきれいなものがあてられ、寝台車や食堂車のような特別車を改造したものも使われた。乗客はまばらなことも多い。東京近郊の電車に、一車両の半分だけが占領軍専用として仕切られたものが連結されていることもあった。

また、地方から東京に患者を輸送する車両もあった。車内は病院の雰囲気であり、特別の乗務員もいる。通信専用車や売店用の車もあった。こうして日本人列車の混雑をよそに、客車の約一割が、占領軍専用に指定されていたのである。

占領軍司令官用には、第六軍の五両編成のアンバサダー、第八軍用の六両編成のオクタゴニアン、それに将官専用の六両編成でコロネットと愛称がつけられた列車が運行されていた。司令官は日本の皇族並みの扱いを受けていたのであり、皇室用の御料車二両が接収されて専用車になった。もっとも皇室用とはいっても国賓用であり、天皇・皇后・皇太子用は占領軍に見つからないように隠していたという。数人の日本人男女の客室乗務員が、将軍たちの移動中の世話をしている。

マッカーサー総司令官と天皇陛下

マッカーサーは移動することがほとんどなく、移動するときは軍用車や軍用機を使っているので、御料車を指定する必要がなかった。

軍隊は階級社会である。そのように上のほうを特別扱いすることで指揮統率が容易になる面があり、占領された日本人にたいしても占領軍が特別の存在であることを知らせて、占領政策を容易にする効果があった。

占領政策が始まってまもない九月二十七日

に、マッカーサー総司令官が天皇陛下と面会したとき、新聞に発表された写真を見た日本人は驚いた。マッカーサーが腰に手をあてた姿で、直立不動の天皇陛下と並んで立っている姿であり、国民は、いまさらのように、日本が敗れたことを写真から感じとったのである。

マッカーサーが、現人神《あらひとがみ》と信じさせられていた天皇を超える存在であることを日本人に伝えるためには、これ以上のものはない効果的な写真であった。マッカーサーが得意とする演出ではあったろうが、軍人とは、そのようなことを演出できる存在でもある。

最初に横浜や横須賀周辺にやってきた占領軍の下級兵士のなかには、強姦事件や略奪行為をするものも少なからずいた。戦場から勝利者としてやってきたのだからむりもない。しかし占領軍司令部は、そのような行為は占領政策遂行に害があるとして、禁止の命令をだして取り締まるとともに、日本の報道機関にも報道することを禁止した。占領政策にふつごうな報道がないかを、事前検閲するシステムもつくりあげている。

新聞はやむなく、「大男が民家に侵入して……」といった間接的な表現で、事件を伝えた。

占領軍の客車を別にしたのは、特別扱いの目的や衛生上の問題もあったろうが、一般日本人との接触の機会を減らす、検閲と同じ意味もあったと考えてよかろう。

御料車の歴史

「まことに申し訳ございません。当地は戦災で町が焼失いたしましたので、今夜は車中でおやすみいただくことになりました」と、侍従が昭和天皇にお詫びをしている。

「戦災の国民のことを考えればなんでもない。十日くらい風呂に入らなくても構わぬ」

思いもかけぬお言葉に、侍従はあらためて陛下の、国民を思われる心に感動したのである。昭和天皇は、明治天皇が乃木大将を学習院の院長として皇太孫教育係にされたので、その教育を受けて質実剛健な生活態度を身につけておられた。「風呂に入らなくても」というお言葉は、そこから出てきたものであろう。

この場面が出てきたのは、昭和二十一年六月六日であった。二月十九日に、川崎、横浜で戦後初めての行幸をされた後、手近の場所からはじめて四年半にわたり、国民を激励し状態を視察される旅を、断続してされているあいだの、銚子でのできごとであった。

その夜の仮のお宿になったのは、貨物駅に停めた御料車であった。午前中に佐原付近での農村視察があり、午後も銚子での学校視察や工場視察でお疲れになっていたにもかかわらず、列車内で夕食をとられた後で、七人から生産状況の説明を受けられている。

翌日は八時過ぎに犬吠崎灯台に向かわれたが、その前後にも駅や沿道で歓迎する人たちに帽子をとって会釈をされることを、お忘れにならなかった。列車沿線に歓迎の人々が整列していることがあるが、そのときは陛下も窓際に立たれて歓迎に応えられる。

もともとこのようなご巡幸は、天皇が自らいい出されたことであった。昭和二十一年正月に、「天皇をもって現御神《あきつみかみ》」とするものではないと、いわゆる天皇の人間宣言をされたのちに、「私は失意と虚脱にあえぐ国民を慰め励ましたい」と、反対を押し切ってはじめられたのであった。そのため視察の先々で、人々に慣れない口調で声をかけられた。

「何か生活に不自由はないのか」

「おかげさまで何とかやっております」

「あ、そう」

これが、よく知られるようになった陛下の口癖のはじめであった。

このようなご巡幸に使われたのが、昭和七年に造られた鋼製客車の一号御料車であった。もともと昭和六年秋の陸軍の特別大演習にあわせて造られる計画であったが、特別の材料の関係で製造の期限に遅れた。さらに翌年の一月に、観兵式帰途の天皇のお馬車に、朝鮮人が爆弾を投げつけるという事件が起こった。そのため御料車に鉄板を貼ることになったので、また工事が遅れて、完成したのが昭和七年三月になったいわく付きのものであった。

特別大演習は天皇が自ら統裁される特別のものであり、昭和六年のものは、金谷範三参謀総長が補佐して三個師団と一個旅団を参加させる大掛かりなものであった。演習の場所は熊本地方であった。この演習には鋼製一号車の製造は、間に合わなかったが、翌年の特別大演習は近畿地方で行なわれたので、このときは鋼製一号御料車の出番があったはずである。

御料車は一両ではない。明治四十二年に一号、二号と番号をつけるようにきめられてから終戦直後までに、十三号まで番号がつけられていた。その後、皇太子時代に十四号車に乗られた現在の天皇は、三代目の一号車を利用しておられる。二号、三号も代が替わっている。古いものが用済み保管にされて、新しいものが運用されるようになったり、番号が変更されたりしたためである。

前に、東海道線開通後の明治二十三年に、名古屋方面で行なわれた大演習について述べたが、このときは初代の一号車が使われたはずである。

東京の環状線原宿駅に、寂れた感じのプラットホームがある。ここは天皇・皇后両陛下の専用ホームである。御料車を真ん中にして随従の人々や鉄道関係者を乗せる車両、それに荷物車などを前後に加えて、五両でお召列車が編成され、陛下はここから乗車された。しかし、最近は新幹線を利用される関係で、東京駅が発着駅になるのがふつうのようであり、特別の場合を除きこのホームは閉鎖されていて使われることはないらしい。

昭和20年３月18日、江東深川の戦災地を視察する天皇

戦争中は、お召列車が敵機から攻撃される恐れがあるので、偵察機や戦闘機の護衛がついた。海上から敵潜水艦や軍艦が砲撃してくる恐れもあるので、海上の偵察も行なわれている。

お召列車の速度は飛行機に比べると遅いので、護衛機はＳ字飛行で護衛をせねばならなかった。列車の前方を横切らないように注意しながら飛ぶので、パイロットは神経が疲れる。いざというときは護衛の機数を増やすことができるように、飛行場で二十機以上の戦闘機が待機していた。

戦後の鉄道による国内輸送

鉄道は戦争末期に、敵機の攻撃により大きな被害を受けた。たとえば国鉄の機関車は八百九十一両が損傷し、一日平均の使用数が、昭和十九年十月に四千二百二十八両であったものが、昭和二十一年末には三千五百五十一両に減っていた。さらに輸送量の増加で老朽化が急速に進んだことも加わって、全車のうちの稼動割合が、平時は七十五パーセント前後であるのにたいして、昭和二十一年末には六十五パーセントに低下していた。

戦争末期に、それまでのD51よりも馬力を大きくして造られたD52機関車は、資材不足のために代用資材を使っていたので、消耗が早かった。同じころ造られた戦時型のD51も代用資材が使われている。しかし、昭和二十二年末からこれらの機関車の改造が進み、輸送量もしだいに復旧していった。C61・C62機関車は、これら機関車のボイラーを転用して新造している。

空襲などの敵の攻撃で被害があったのは、民営鉄道も同じである。電車二千百両余、機関車五十両が破壊されている。

民営鉄道の営業距離は、シナ事変中に二千三百キロメートルを超えていたが、終戦直後には一千キロメートルを割っていた。これは戦争被害によるもののほか、工業地帯や炭鉱地帯など戦争遂行との関係で国鉄に買い上げられたものもあるからだ。特に昭和十八年四月に宇部・小倉両鉄道で七十八キロメートル、同七月に天竜川水域の電化されている三信鉄道、伊那電気鉄道など百九十六キロメートル、それに札幌と日高地方を結ぶ北海道鉄道百二十九キロメートル、翌年に各地五百キロメートル以上を買い上げたことが影響している。

東京周辺の民営鉄道は戦争中に、国策もあって合併され、現在の東急、当時の東京横浜電鉄が、大会社になった。東京横浜電鉄は現在の京浜急行・小田急・京王などを含む大勢力になっている。ほかに東武・西武・京成各鉄道会社も営業を続けていた。

西武鉄道は、終戦直後に西武農業鉄道を名乗っていた時期があり、いっぽうで当時の東京は水洗時代の前であって、混乱の中での糞尿処理に悩んでいた。戦後の食糧難の時代に、武蔵野の平野を営業範囲にしている西武はこの状態に目をつけ、都心から農業肥料として糞尿を盛んに運搬した。

「今日も黄色のオワイ列車が走っている」

「なに、いまに黄金の花を咲かせる黄金列車だ」

「帰りは食糧列車」

「行きはオワイオワイ、帰りはお芋」

土地っ子は列車を揶揄《やゆ》していたが、西武鉄道が人々の生活に貢献していたのは確かである。

オワイ（汚穢）運搬だけでなく、都心の焼け跡に住む人たちの食糧の買い出しで、車内はいつも混雑していた。

昭和二十年に入ってからの鉄道は、定員の五、六倍もの人が押し合い、へし合いしていたので、東京近辺では、時差通勤が行なわれていた。それでも通勤電車に乗れない人がいたのであり、混雑は一日中続いていたのである。食糧の、農村での買い出し客や闇市への運び屋は大きなリュックや手荷物を抱えている。これが混雑の大きな原因になっていた。

戦後の食糧難の解決策のひとつとして、狭山にあった航空士官学校の飛行場敷地の一部や、その周辺の山林が払い下げられ開拓地になっていた。

戦争中に航空士官学校長を務めたこともある遠藤三郎陸軍中将は、そのような土地で農業をはじめている。かつての将軍がオワイを肥料にする生活を余儀なくさせられたのである。その生活のなかで、戦犯容疑で巣鴨に収監されたこともあった。マレー作戦のとき航空部隊指揮官であったため、捕虜虐待容疑をもたれたのであるが無罪になった。

そのせいもあってか遠藤はやがて、社会主義者として活動するようになり、陸軍士官学校の同期生から交友を敬遠されるようになった。しかし日記によると、戦争によって中国との問題を解決するのはまちがっていると、戦争中から考えていたようである。

しかし遠藤は、いわゆる左翼とは一線を画していた。後に彼が、非武装中立論を唱えて参議院議員に立候補したときに社会党から支援の申し入れがあったが、思想の方向が違うと申し入れを断わって、独力で戦い落選している。

遠藤にかぎらず、元軍人で開拓民になったものは多かった。恩給は支給されず、公職につくことも占領軍から禁止されていたからである。オワイ列車は、かれらにとって生きるための手段の一つになった。しかし、化学肥料の増産でこれもしだいに必要性が薄れ、昭和三十年三月にオワイ輸送は廃止された。

狭山だけでなく関東地方には、広い敷地を持つ軍用飛行場や演習場が各地にあった。戦後に米軍が使用しなかった場所で、開墾地になったところは多い。失業した元軍人たちで、そのような土地に入植したものは多かった。鉄道聯隊の土地であった津田沼は、聯隊の演習用の軌道や整備工場を引き継いだ京成電鉄のほか国鉄などが引き継いだので入植地は少なかったが、近くの習志野演習場周辺には、元軍人の入植者もいた。

戦後の混乱期には、空襲被害を受けた鉄道の施設や車両を復旧しようにも、材料が手に入らなかった。また電車を動かそうにも電力が不足していた。家庭では、一軒に一灯の照明用電灯を利用するのがやっとであり、それも螢送電といって、電圧を落として送電するので、手元を照らすのがやっとの明るさであった。

遠藤三郎

そのような状態なので、電車を動かすのも制限される。二両編成の電車が電力不足のため、やや勾配がある坂を登りきることができずに、立ち往生するという時代であった。

そこで、電車営業になっていた私営鉄道でも、蒸気機関車が増えた。国鉄の古い型の機関車や、一部破損したものを譲り受けて、修理したものが多かった。野戦の軽便鉄道用も活躍している。ゲージが違っていても、車体が残っていれば譲り受け、改造して使ったのである。

昭和二十二年になると、国鉄の復旧がいくらか進んだので、機関車四十三両、貨車一千九百六十両が私営鉄道に払い下げられた。そのなかには、鉄道聯隊が使用していたものも混じっていた。一〇〇式鉄道牽引車というトラック型の軌道・道路両用型のものは、現在も朝霞の自衛隊駐屯地輸送学校前に展示されている。これで牽引していた九七式貨車もあったが、腐朽したため廃棄処分された。この貨車は西武鉄道が払い下げを受けたものを、後に陸上自衛隊が譲り受けて訓練用に使用していた。

国鉄は規模が大きいので、私営鉄道よりは融通がきく。重量が七十七トン強のＤ51蒸気機関車で、勾配千分の十が最大の区間では、最大で貨車百両を曳かせて十八キロメートル時で走らせることができる。しかし千分の二十五勾配では、最大八十両で二十キロメートル時である。もし機関車を重量八十四トン強のＤ52にすると、百十両を曳いて、どちらの勾配の区間でも十九キロメートル時というあまり変わらない速度で走ることができる。状況による列車編成の使い分けができるのである。

客車の場合は混雑が激しくなると、停車時間が予定の二倍、三倍になり遅れがでるので、一本あたりの列車や電車の車両数を増やせば、定時運行が可能になる場合がある。

このような編成の使い分けができるのが、大規模事業国鉄の強みであった。

また、車両の整備改善能力があるので、状況に応じて車両改装をおこなった。

「何だ、この電車は」

入線してきた電車に乗った乗客から驚きの声があがった。

「いやに広くなったと思ったら、腰掛がなくなっているではないか」

通勤混雑の緩和のために最近も、通勤時間帯になると座席が折りたたまれる車両を持つJRの電車が走っているが、戦後の混乱期に、座席をほとんど取り払った車両が現われた。ただこれは、損傷車両や軍用の特別の車両を修理するときに、修理のつごうで、そうすることが多かったようである。

内部の羽目板代わりにジュラルミンを貼った電車もあらわれた。飛行機の製造が禁止され、飛行機用ジュラルミンが余ったからである。戦争末期には鉄道の工場も、大砲など兵器づくりに追われていたので、余った兵器用資材を転用することは可能であった。浜松の工機部で飛行機燃料用の増槽を製造していたので、その転用であろう。

「カランコロン、カランコロン」

「うるさいなー、牡丹灯籠のお露か」

幽霊になった娘が下駄の音を響かせて現われる物語を思い出させる音である。余ったジュラルミンは、金属が不足していた時代であるので、いろいろなところに使われた。鋳物の下駄に変身したものもあったが、これは失敗であった。うるさいうえに、履《は》いていると足の裏が真っ黒になった。

ジュラルミンは、自転車のフレームに使われることもあった。それと同じ流れのなかで、車体そのものに使われた電車もあらわれた。ジュラ電と俗称がつき、京浜東北線用に六両造られたが、鋼よりは強度が落ちるので問題がある。ジュラルミンは、鋼の代わりになる構造材としては使えなかった。技術の発達はそこまで達していなかったのである。

大正期までに製造された客車は車体が木造であったが、昭和になってから製造された客車は、鋼製が標準車であった。しかし戦後の混乱期には、いろいろの車体があった。木製の客車はまだ使用されており、半数が耐用年数を過ぎたような木製であったので、そのための事故も多かった。古い車体に定員の何倍も詰め込むのだから、事故が起きてとうぜんであろう。占領軍から家畜車とけなされた木製電車は、ドアが開け放しになっていて、そこに横木が打ち付けてあるものもあった。満員の乗客の圧力で、カーブのところでドアが外れてしまうこともあった。

「おーい車掌さん、途中で何人か転げ落ちたよ」

「場所はどこ」

「中野の手前だと思う」

下車してからでないと、車掌に連絡することもできない。事故が多いので、皆不感症になっていた。

昭和二十二年二月二十五日、八王子と高崎を結ぶ八高線で買い出し列車が事故を起こした。東飯能《はんのう》を出て高麗《こま》川に向かっていた六両編成の列車は、身動きできない状態の乗客を乗せて、ブレーキの効きが悪いまま速度をあげた状態で高麗川駅に近づいていた。丘の中腹のカーブを抜けようとしていた列車は、ブレーキがかかったと思うと、三両目ががくんと揺れた。

「なんだ。ひどい運転だ」

といっているうちに、三両目の脱線した客車が、傾きだした。

客車の入り口にようやくしがみついていた乗客が振り落とされ、崖下に落ちていった。

「ワーッ」という叫びは聞こえたものの、身動きできない乗客の壁の中にいる人には、何が起こったのかわからない。

そのうちに三両目が崖下にゆっくりと落ちて行き、それに引きずられるようにして、列車の後半部の車両が転落していった。

ところが、機関士はがたんという揺れに気づきはしたものの、何が起こったのかはわからなかった。そのまま高麗川駅に滑り込んで信号機のところで停車して外に出てみると、列車の後半がなくなっている。

駅員も乗客も騒ぎだしたが、機関士は大変な事故が起こっていることに、すぐには気づかなかった。

この事故で亡くなったのは、最終的に百八十八人と数えられ、負傷者は、報告では四百九十七人になっているが、軽いものを加えると八百人を超えたのではないかと思われる。

車両も線路も戦争中に酷使されて傷んでいたので、脱線は珍しいことではなかった。この五ヵ月前には、関門トンネル内で初めての脱線事故が起こっていた。貨車ではなく客車に乗ることができた乗客も、手すりにしがみついているのならまだしも、屋根の上まであふれている。小さな事故は毎日のことであった。

昭和二十一年に入ると、海外からの復員兵や一般の引揚者が少しずつ増えていった。佐世保、長崎、博多、仙崎、田辺、名古屋、浦賀、横浜などに上陸して手続きを終えた人たちを、故郷まで送り届ける列車は無料であったが、混雑しているので、乗車の順番を待つのも大変であった。なにしろ外地からの復員兵・引揚者の総数は六百万人を超えており、その八割が昭和二十一年に集中したうえ、列車の本数は最低の状態になっていたので、輸送は容易ではなかった。

帰還者たちは列車に乗ってしまうと、食事をとることも用をたすことも難しく、水腹で我慢しなければならないことも多かった。しかし飲みすぎると、出るものを我慢できなくなる。外地で苦しい毎日を送ってきた人たちが夢にまで見た内地も、うれしい場所ではなかった。

復員・引揚者たちは上り列車を利用することが多かったが、集団で逆のルートをたどる人たちもいた。在日朝鮮人や在日中国人の集団である。特に朝鮮人は、戦争が終わったので、日本に居住し続ける場合は、外国人としての登録を必要とすることになった。そのため九十数万人が朝鮮海峡や玄界灘を大陸に向けて去っていった。

そのような集団の中で、たまたま下り列車に乗り合わせた日本人は、窮屈な思いをしなければならなかった。いままでの歴史の屈辱を晴らすかのように、戦勝国民を名乗って、日本人につらくあたる者が多かったからである。そのため列車のなかでトラブルが起こることは珍しくなく、日本人はできるだけそのような列車を避けて行動していた。

それでも客車の屋根や機関車にまで、あふれた人がしがみついているので、連結されている貨車にしがみついている人も多かった。ある子供づれが貨車なら大丈夫だろうと近づいてみたところ、乗ることができる空間があった。

「ここだ、ここだ。早く乗りなさい」と、父親が子供を促したところ、「ばかやろー、ここは俺たちの場所だ」という罵声《ばせい》が帰ってきた。ようやく相手が悪いと気づいた父親は、しかたなく後に下がった。

やがて列車が動きだした。列車が速度をあげたところで父親は、ホームにあった石をいくつか貨車のなかに放りこんで、鬱憤を晴らした。

故郷へ帰る復員兵や引揚者たちを乗せた復員列車

列車事故が多くなってくると、占領軍の第三鉄道輸送司令部も、日本人のこととして目をつぶっているわけにはいかない。占領軍の専用列車の運行に影響がでてくるからである。そこで鉄道の安全措置についての次のような指令がだされた。

(1)　各列車に後方確認・連絡のための乗務員一名を乗せ、列車後尾で服務させる。特に、本線上での不時停車中の他列車の接近に注意し、手旗・信号灯などで適切に合図をさせる。

(2)　運転規律を厳格にし、違反者には厳罰を与える。

運輸省鉄道総局長官は、この趣旨の通達をしたほか、鉄道事故の徹底した原因調査と事故の詳細報告をするよう、地方の鉄道局長に通達した。特に占領軍専用列車に損害を与えたり、一時間以上の時刻の遅れがでたりしたときは、速報をするように要求しているが、これは軍隊式といえよう。シベリア出兵のとき、列車の前後に連絡の鉄道兵を乗せていたことを思いだしていただきたい。占領軍の指示による確認・連絡員の乗務は、戦場方式であった。

しかし、老朽化した器材で精一杯の運行をしている国鉄にとって、安全確保の第一は、新しい車両や資材を獲得することであり、復員してきた職員を再教育することであった。安全第一の国内輸送と戦争目的達成のための鉄道聯隊の鉄道業務には違いがある。戦場での行動に慣れた鉄道兵たちは、安全を二の次に置きがちである。本人は意識していなくても戦場帰りの鉄道職員たちは、その荒っぽさのために事故原因をつくることがなかったとはいえない。

国鉄職員の人事

これまで国鉄ということばを使ってきたが、公共企業体日本国有鉄道の略称としての国鉄が発足したのは、昭和二十四年六月一日である。

戦争中の昭和十八年に鉄道省と逓信省が合併された形で運輸通信省になっていたが、国内戦が予想されるようになった昭和二十年五月にふたたび分離され、運輸部門は運輸省として、鉄道、海運、陸運を統括する組織になっていた。鉄道関係はそのなかの鉄道総局が担当していた。基本的には、鉄道省時代の組織が継承されていたのである。戦後の鉄道の復興は、そのような組織が担っていた。ただ国鉄民営化論は、終戦直後から出ていた。

昭和十一年末に二十二万七千人であった国鉄職員は、昭和十九年末には四十四万九千人と、約二倍に増えていた。もちろん新しい路線が増え、戦争による輸送量の増加があったからであるが、昭和十九年度末現在で鉄道聯隊要員などとして召集されていたものが、十七万二千人に達していたことも大きく影響している。

その穴埋めをしたのが女子職員であったことはこれまで述べてきたとおりであり、仕事に慣れていなかったり力仕事に制約があったりしたため、男子職員が一人欠けたので一人を穴埋めすればよいというわけにはいかなかった。

そのために見かけ上の職員数が増えたのであるが、実際の必要定員は三十万人程度であったといってよいのではないか。余裕を多くとっても、必要数は四十万人程度であろう。

このため、戦後になって、召集されていた職員が復員してきたことで国鉄は、必要以上の職員を抱えることになった。国鉄がはじき出した必要定員は、昭和二十一年七月で四十八万人だというが、これは余裕を見た員数だとおもわれる。そのような数字によっても剰員は約十万人にも達するので、国鉄では女子を中心に、七万五千人を整理することになった。

運賃が政策的に低く抑えられ余剰人員を抱えているこの時期の国鉄の営業収支は、とうぜん大赤字であり、運賃値上げをするか職員の首切りをするか、対策を求められている。しかし、昭和二十一年三月に労働組合法が施行され国鉄労働組合が結成されていたので、国鉄は、勝手にこの首切りを進めることはできなかった。労働組合と交渉することが、占領政策としても要求されていた。

この年八月には、全国の労働組合連合組織として日本労働組合総同盟も結成されていた。十一月には、国鉄、逓信、教員の全官公庁労働組合共同闘争委員会が結成され、国鉄の首切りはますます難しくなった。

昭和二十一年はストライキの年であり、大手の会社だけでなく、放送や電力関係にも及び、国民生活にも影響が出はじめていた。これでは復興の足を引っ張ることになりかねない。占領軍総司令部は十一月に、占領政策の重要な柱になる日本国憲法を日本に公布させていて、労働運動を推奨していた。しかし復興の足を引っ張り、混乱を導くような運動は取り締まらないと占領政策が失敗する。

全官公庁労働組合は、吉田内閣打倒の政治ストを昭和二十二年二月一日に計画していた。

「あしたは学校が休みだってよ」

「だって先生は何もいってないじゃないの」

「ラジオがストライクとかいっていたから、先生の野球大会でもあるのかもしれないね」

「それじゃあ、応援に行かなきゃ」

しかしやがて、子供たちはがっかりした。

「明日は学校が休みということを聞いている人もいるかもしれないが、いつものとおり授業がある」

「どうしてですか。ラジオがそのようなことをいっていましたが」

「うん、先生にもよくは分からないが、とにかくいつものとおり学校に来なさい」

何も分からない子供たちは、それ以上は追及しなかったが、現場の先生も戸惑っていた。


占領軍総司令部は、最後の段階で、実際の統治権者として裏から表に出てきた。官公庁全体のゼネストはマッカーサー総司令官の命令で中止されたのである。その後、全官公庁労働組合共同闘争委員会は解体され、国鉄も占領政策の妨げにならない形に組織が改められることになった。

占領軍総司令部は、国が鉄道を運営する制度に疑問を感じていた。日本人の中にも、独立採算制や民営論が出てきていたが、総司令部は結局、アメリカ式の、委員会が決定権をもつ制度を押しつけようとした。だが、日本人は反対していた。当面の処置を必要としている施策は、鉄道のような公共機関が、国民の生活に直接影響がある大きなストライキをすることがないようにすることにある。

東京・日比谷の連合国軍最高司令官総司令部

そこでマッカーサー総司令官の指示により、国鉄は公共企業体として役所と民間企業との中間的な組織に編成替えされた。従業員は、団結権・団体交渉権はあるがストライキ権をもたないことになった。労使間の交渉は、別に設ける両者の交渉委員が行なう。労働省に設けられた公共企業体等労働委員会が、労働関係の調停などを行なうことになった。

こうして昭和二十四年六月一日に公共企業体日本国有鉄道が発足した。トップは総裁と呼ばれ、経営は国有鉄道事業特別会計という特別の予算で行なわれる。電電公社や専売公社も同じである。

これにあわせて、運輸省の権限も改められた。運輸省は一般的な国鉄監督権をもつが、直接に経営に介入することはせず、監理委員会を通じて指導・統制をすることになった。

問題の発端は鉄道職員の首切りであったが、定員の削減の必要性があるのは国鉄だけではない。第三次吉田内閣は行政機関の三割以上の定員の削減を求め、国鉄の定員も五十万六千七百三十四人以下と定めた。

国鉄労働組合は、これに対して反対するための訴訟戦術をとったが、昭和二十四年七月に人員整理が終わった。実際に整理されたのは九万四千三百十二人であった。

この前後に、下山定則総裁が常磐線の綾瀬駅と北千住駅の中間で轢死《れきし》した状態で発見されたり、中央線の三鷹駅車庫から無人電車が暴走するという事件も起こり、さらに東北本線の松川付近で、機関車が転覆し、荷物車や客車が破損したり脱線したりする事件も起こった。いずれも、人員整理に絡んだ労働運動を弾圧する目的で、関係する米工作機関が謀略活動をしたのではないかと疑われているが、はっきりしたことは分からない。

このような血なまぐさい事件の発生とともに、翌年には占領軍総司令官の命令で国鉄の共産主義者の追放も行なわれたが、人員整理の混乱の結果は尾を曳いた。

サンフランシスコ講和条約発効により、昭和二十七年四月に占領軍が鉄道の施策に関与しなくなってからは、国鉄ストが頻発するようになった。結局その影響がほとんどなくなったのは、昭和六十二年に国鉄の分割民営化が行なわれてからであった。戦争の動員の影響は、戦後四十二年という一世代半の期間をへて、ようやくなくなったといえる。

国鉄職員の教育は戦前から鉄道教習所や工場（技工教習）で行なわれていたが、昭和二十三年に占領軍の民間運輸局の指令により、教育内容が改められた。技能教習を重視するようになったのである。また学制改革との関係があって、それまで、技能習得に必要な中学校教育三年間にあたる科目の教育をしたり、さらにそのうえの専門学校相当の教育をしたりしていたのをやめ、新制中学校・新制高等学校卒業者に、駅務、機関、保線などの実務教育技能を教えたり、学歴が高いものには、相応の専攻・高等教育を行なったりする組織になった。

学歴や地位が高いものを教える中央鉄道教習所は、地方の教習所よりも高位の教育組織である。このような教習所は昭和三十六年にすべて、鉄道学園と名前を変えている。

このような国鉄の学校教育体制はできあがってはいたが、しかし国鉄全体としては、見習、見習助手として、各職場で養成されるもののほうが員数的に多かった。教習所は、選抜された職員が、車掌、助役と一段高い地位に進むための、箔付け的な性格の機関としての戦前からの地位を、完全に脱皮することはできなかった。技能教育重視ということでは、採算性を重視する民営鉄道（私鉄）の研修所のほうが、進んでいたというべきだろう。

ちなみに、運転士の資格は国家資格であり、現在は国土交通省が免許を付与しているので、いいかげんな教育はできない。

戦前の鉄道省時代の高等官、判任官の地位は、国鉄が公共企業体になってからも、名前は変わったが、人事管理上そのまま引き継がれたのであり、地方の鉄道管理局や中央の各局に配置されたのはそのような人たちであった。現場の職員は教習所での教育をへて、規模が小さい駅の駅長や機関区長など、現場の管理者になるのがせいぜいであった。

朝鮮戦争時の鉄道

一九五〇年（昭和二十五年）六月、北緯三十八度線で南北に区切られた両側に、韓国軍と北朝鮮軍が配置されて、にらみ合いをしていた。二十五日の朝四時ごろ、第一線の兵舎で眠っていた韓国兵たちは、突然の砲声に跳ね起きた。命令されるまでもなくそれぞれが銃を手にして、警戒配置についた。その日は日曜日であり、ゆっくり朝寝をしていたのであるが、すでに砲弾が頭上をこえて落下しはじめている状況のなかでは、戦うほかかない。

「戦車だ、戦車だ」

「砲隊前へ、撃てッ」

「ドーン」と発射された三十七ミリ砲の弾丸は、戦車を直撃した。しかし一時停車した戦車は、すぐに前進をはじめた。

ソウルの北方開城の東にあらわれたソ連製のT34戦車に対して、対戦車砲が無効だとわかったとき、韓国歩兵たちは恐怖に襲われた。日本の関東軍の一員であったことがある下士官が、爆薬を抱えて突進し、戦車のキャタピラの下に投げ込んだ。派手に爆発して下士官も負傷したが、それでも戦車は動きを止めない。韓国第一線は戦う手段を失って、後退しはじめた。

やや後方の開城郊外に、韓国軍の顧問の米陸軍大尉がいた。大尉も銃砲の音で目を覚まし、ジープで第一線に駆けつけようとした。しかし、開城駅の近くに来たときに、駅の方向から撃たれた。驚いてそちらを見ると、十五両ぐらいの編成の列車から、北鮮軍が降車中である。大尉はやむをえず後方に下がった。

北鮮軍は開戦前に、三十八度線で接続が絶たれている京義線の鉄道を、ひそかに修理して接続していた。かれらは戦車部隊が突入したあとで直ちに一個連隊を鉄道輸送して、韓国軍の第一線の退却路を遮断したのである。列車には「ソウル行き」の表示がしてあり、開城駅で待っていた避難民たちが入って来る列車に近づいたところ、下りてきた北鮮兵たちがいきなり射撃をはじめたので、駅構内は血で染められた。

このように第一線が突破され崩れたので、韓国軍は境界線から十キロメートルほど南の臨津江の線で北鮮軍を食い止めようとした。ソウルから一個連隊が北上し、その線の南側で戦っていたので、もう一個師団を北上させれば反撃ができるはずであった。しかし、列車で師団を輸送する計画はうまくいかなかった。計画は紙の上だけのものであり、乗車するために駅に急いでいた増援兵は、北朝鮮ゲリラに射撃され、応戦しているうちに時機を失してしまった。

開戦四日目には北鮮軍がソウルに入った。その後、鉄道は、韓国軍の退却と、日本から韓国軍の応援のために派遣された米軍の前線への移動と域内での移動に、いくらか利用されただけであった。

北朝鮮軍の韓国侵入の情報は、五時間後にようやくワシントンに届いた。東京のマッカーサー総司令官は、それよりは早く情報を得ていたが、朝鮮半島の処置については権限を与えられていなかった。日本の占領軍総司令官としての立場では、なにもできないのがとうぜんであるが、米極東軍総司令官としても、在韓米軍人（米大使の指揮を受けている五百人弱の顧問団）への補給業務と緊急の場合のアメリカ人の引き揚げ支援のほかは、任務を与えられていなかった。

そのようなマッカーサー総司令官に、アメリカのトルーマン大統領は、在韓米人の引き揚げ任務を与え、妨害する北朝鮮軍を、そのために必要な範囲で攻撃することを許した。また韓国軍のために弾薬・食糧の補給をすることを命じた。さらにまもなくトルーマンは、韓国内で、米海軍・空軍により韓国軍を支援する作戦行動をとることをマッカーサーに命じた。その後、限られた範囲で陸軍による支援もするように命じた。

そうしているうちに国連安全保障会議が動きだし、北鮮軍を韓国から追い出すための措置を各国がとることが決議されて、七月七日に、マッカーサーが、そのための国連軍総司令官に任命された。マッカーサーの占領軍総司令官としての地位はそのままであったので、マッカーサーは日本を、国連軍のための後方基地として使うことを決心した。

1950年7月20日、韓国の大田に入る北朝鮮軍

こうして日本の鉄道は、朝鮮戦争の国連軍のための輸送で忙しくなった。国連軍といっても、主体は米軍と韓国軍である。

前に述べたとおり占領軍は、第三鉄道輸送司令部が占領軍専用列車の運行統制をしており、専用車両も確保していたので、基本的にはそのままの体制で、朝鮮戦争の鉄道輸送をおこなった。米軍専用貨車はもともと、占領政策のために一千両以上を確保していたのである。しかしそれ以外にも戦争の後方補給用の列車数が増加し、砲弾など火薬類の輸送も増えて、日本国内の鉄道は、大東亜戦争中の日本軍向け国内輸送と同じ忙しさになった。

朝鮮戦争開戦時に日本国内にいた占領米軍は、横浜に司令部がある陸軍第八軍と府中に司令部がある第五空軍、それに横須賀や佐世保に停泊している少数の巡洋艦・駆逐艦と戦闘艦よりはやや数が多い輸送艦船である。第八軍は四個師団約九万人、第五空軍は、一部を除き沖縄を含む日本に基地をもつ約五百機であり、防空用の戦闘機が主体であった。米軍総員数は約十三万五千人である。

米軍はその後、本国から増強され、最終的には約三十万人が朝鮮戦争に加わった。これに、開戦時十万人から最終的に六十万人近くに増加した韓国軍と、英連邦軍など各国軍約四万人の後方補給品の相当部分を、日本国内で調達輸送せねばならなかったのであるから、日本の鉄道が忙しくなったのはとうぜんであった。

朝鮮戦争のための最初の米軍輸送は、九州北部と山口に部隊を配置していた第二十四師団用の輸送であった。司令部を含む小倉の部隊、別府の歩兵連隊、山口の軽戦車部隊が七月四日までに、列車で門司に集結して朝鮮海峡を渡り釜山に上陸した。韓国内の移動は鉄道を利用している。しかし鉄道網の関係で、鉄道を利用できない場合も多かった。

佐世保に集結した歩兵二個連隊と砲兵大隊も同じように列車と船で行動している。

先遣隊に指定された熊本からの一個大隊は七月一日に移動したが、熊本から福岡まではトラックで移動し、そこからは輸送機で海を渡っている。

「ゴトン、ガラガラガラ」

「なんだ、なんだ」

山口から山陽線に向かう沿道の住民は、夜が開ける前に、異様な響きに夢から覚め跳ね起きた。外にでた人々が目にしたのは、戦車部隊の行進であった。

「なにごとだろう」

「この前、朝鮮でまた戦争がはじまったというニュースがあったなァ、戦争をしに行くのじゃないか」

「どこから船に乗るのかなァ」

「三田尻か、あるいは門司か」

「俺たちもまた徴兵されるのじゃないか」

住民たちは不安に駆られたが、この移動部隊が、米軍の朝鮮出兵の第一陣の一部であった。戦車は、戦場では百キロメートル以上も自走できるが、乗り心地が悪いうえに道路を傷める。そのため門司まで列車輸送された。

その後、住民の中から、米海軍の上陸用舟艇に労務者として乗り組み、朝鮮海峡の物資輸送にあたるものがでたり、小倉の米陸軍キャンプで戦死者の遺体処理にあたったりするものもでたが、戦闘に直接参加することはなかった。

ただし、旧海軍の生き残りである海上保安庁の掃海部隊の一部が、北朝鮮海域の元山まで出動させられ掃海を実施した事実がある。その掃海艇の中に触雷沈没したものもあった。また米軍の作戦準備のため、輸送船で仁川まで物資輸送をした日本人船員もいた。

日本人鉄道員が韓国内で輸送に従事したという話は聞かないが、日本国内ではその後、大々的に軍用列車の運行をしており、鉄道も実質的に朝鮮戦争に参加したといえよう。

米軍が朝鮮半島への出動をはじめた初期には、国鉄は毎日、十本以上の朝鮮向け米軍専用列車を運行している。朝鮮戦争中の昭和二十六年の国鉄貨物の運輸実績は一億四千万トン超であり、シナ事変から大東亜戦争に移行する昭和十六年の実績をいくらか超えている。米軍師団の戦場での一日あたり補給量は、日本陸軍の十倍にも上っており、物量戦といわれる戦闘をするので、日本国内での鉄道輸送量も大東亜戦争時に近い大規模なものになったのである。

第三鉄道輸送司令部はそれまで、占領下の輸送を処理していたので平時輸送の態勢にあり、突発した朝鮮戦争への対応がうまくいかなかった。特に積み込みと積み下ろしに時間がかかり、計画どおりに運行できないことが多かったようである。なかでも火薬庫・弾薬庫はあちこちに分散されているうえ、輸送品は危険物として、特別の取り扱いが必要である。時間がかかるのはやむをえなかった。

ジェット燃料もそうである。地上軍を支援する米空軍の戦闘機は、初期には朝鮮半島に進出できず、行動半径が小さいので、日本西端の九州方面から出撃した。飛行場には燃料輸送用のレールが引き込んであり、専用のタンク車で補給したが、パイプラインが整備されるまで問題が生じた。

朝鮮戦争はその後、国連軍が北朝鮮内に深く侵攻したところで中国共産軍が介入し、マッカーサー総司令官は更迭されてリッジウェイ中将と交代した。

やがて三十八度線付近で戦線が膠着した一九五一年（昭和二十六年）夏から休戦の雰囲気

が生まれてきた。それでも戦闘は続き、最終的に休戦協定が結ばれたのは、一九五三年七月であった。

日本はそのあいだに昭和二十六年九月八日、サンフランシスコ講和条約を結び、翌年四月二十八日に独立を回復したのである。これで鉄道はようやく主体性を取り戻したが、戦争の影響から脱したわけではなく、駐留軍専用列車が完全に廃止されたのは、昭和三十一年であった。

そのころになると日本の鉄道は、木造客車がすべて鋼製に変わり、主要ローカル線もほとんどが開通し、特急や寝台車の運行も行なわれるようになっていたのである。

東海道線の電化が完了したのも昭和三十一年であったが、電化していない線でも、アメリカの置き土産のディーゼル車が活躍していた。ディーゼル車は、第一次世界大戦後の賠償として日本がドイツから受け取ったものが一時活動していたものの、その後はガソリン気動車がとってかわり、地方鉄道で使われていた。しかしこれも、ガソリンの不足とともに戦前に姿を消していた。

戦後の昭和二十一年に、米軍がディーゼル機関車八両を本国から取り寄せて、基地内入れ換え用に使用したのが契機になって、国鉄で戦車のディーゼルエンジンを利用したディーゼル車を開発し製造している。今でもローカル線では電車型のディーゼル車が活躍していて、扉の開閉を自分でボタンを押してしなければならないことに、慣れない旅行者が驚いている姿が見られる。

こうして日本の鉄道は昭和三十年代から、軍とは無関係の新しい発展をした。新幹線や青函トンネルは、戦前に、前段階としての計画ができていた。その計画のときは、軍事利用の配慮があったが、今ではそのようなことは忘れ去られている。

戦前の同じころに考えられていた本州四国の連絡線も、当時は海底トンネルで結ぶことが考えられていたが、戦後に、海底トンネルではなく橋として計画された。このときも、軍事上の観点からの異議がでることはなかった。経済上の観点から、二本にするのか、三本にするのかが論じられただけであった。

国内で自衛権の行使が行なわれるような事態になると、橋はミサイルで破壊されやすい。関門海峡には、橋も二本のトンネルもあるので、日本の経済の動脈を完全に破壊するのは難しいが、四国は橋が三本あるとはいっても、空からの攻撃に弱い。鉄道や陸運を遮断するもっとも適当な場所が橋であることは、過去の教訓になっている。

将来、対馬海峡から朝鮮海峡を通る海底トンネルが造られることはあるかもしれないが、この計画は、そのときの国際情勢の影響を受けるであろう。海底にトンネルを掘るのではなく、トンネルのチューブを海底に敷く方法も戦前から考えられていたが、戦時に破壊されやすいことが問題になる。

日本の新幹線は、大陸の鉄道に接続させるのが最初の夢であった。実際にそれが実現するとしても、戦時への配慮が必要になるであろう。大陸側の相手のつごうもあり、交渉の段階から、戦時にはどうするのかが、話し合われなければならない。

自衛隊の鉄道部隊

最後に、この本は鉄道と戦争・軍事の関係をとりあげて述べてきているので、つけたりとして、自衛隊の鉄道部隊に触れておきたい。

朝霞の陸上自衛隊輸送学校前に、鉄道牽引車が展示してあることは、前に述べた。なぜここに展示してあるかというと、昭和三十五年から昭和四十一年三月まで、陸上自衛隊に鉄道部隊があったからであり、その遺品だからである。

朝鮮戦争中に、マッカーサー占領軍総司令官の指令で、国内治安部隊として警察予備隊が発足した。これが発展して陸海空三自衛隊になった昭和二十九年のころは、鉄道が国内輸送の昔ながらの輸送手段として、まだ大きな地位を占めていた。

いっぽうで朝鮮戦争時の米軍の兵器弾薬をはじめとする特別需要に応じたおかげで、日本は経済復興の手がかりをつかみ、経済も社会も発展しつつあった。その結果、日本で初めての自動車高速道路として名神高速道路ができたのは、新幹線の営業開始とほとんど同時期の昭和三十九年で、東京オリンピックの年であった。その後の各種交通手段の発達で、新幹線は別として、鉄道が交通に占める重要性はしだいに低下していった。

もし日本のどこかに外国軍が不法に侵入した場合は、全国からその付近に反撃部隊を集めなければならない。

陸上自衛隊の鉄道部隊による津田沼駅構内での運転訓練（「幻の鉄道部隊」かや書房より）

自衛隊が発足してまもない昭和三十年代は、現在のように、輸送へリコプター部隊による部隊輸送をしたり、高速道路上をトレーラーで戦車を移動させたりすることができる時代ではなかった。ミサイルや攻撃機による反撃能力も十分ではなかった。移動手段としての鉄道の価値は、現在よりもずっと高かったのである。また、帝国陸軍が鉄道部隊を持っていたことも、自衛隊にも鉄道部隊をという主張の論拠になった。

こうして昭和三十五年二月に、戦前の鉄道部隊と同じような機能をもつ第一〇一建設隊が百二十名の組織として発足した。場所はとりあえず立川駐屯地内であったが、まもなく習志野に移転して、旧軍の鉄道部隊の跡の一部を訓練場として使用するようになった。

また最初は、戦場での鉄道の破壊も考えていたのか、この部隊は、自衛隊の呼称でいうと施設部隊、つまり昔の工兵の一部であったが、まもなく輸送部隊（輜重兵）に変更され、運転と保線を任務とすることになった。

教育訓練は最初、国鉄の千葉管理局に依頼している。とうじ旧式になっていた、北海道でよく使用されていた九六〇〇型の機関車を国鉄から払い下げてもらい、軌道の建設保守と運転の訓練をしている。一〇〇式鉄道牽引車の訓練もしている。これは戦後、国鉄が保線用に使用していたものであった。

演習線として、津田沼付近の旧鉄道聯隊のものであった軌道を国鉄から借り受け、その延長としての新しい線も、建設訓練のなかで完成させている。

この鉄道部隊は、廃止されるまで実戦に出動することはなかったが、昭和三十九年六月の新潟地震の鉄道復旧に災害派遣で出動し、大活躍した。

しかし時代の変化は、自衛隊に特別の鉄道部隊を置いておく意味を失わせた。限られた自衛隊の予算のなかで、鉄道よりも近代性があるミサイル部隊やヘリコプター部隊を整備するために、鉄道部隊は整理の対象になった。こうして自衛隊の鉄道部隊は六年足らずで姿を消し、陸上自衛隊の輸送学校に、教材の名で遺品だけが残る結果になった。

あとがき

新橋・横浜間に日本最初の列車が走り始めたときは、政府の要人たちは鉄道が戦争の重要な手段になるとは思っていなかった。しかし、普仏戦争で鉄道が、軍隊輸送に大きな力を発揮したということが知られてからは、山縣参謀本部長をはじめとする陸軍軍人が、鉄道を兵器と同じように整備する必要性を認識しはじめた。そうして、関係の施策をするように鉄道関係者に働きかけるようになった。

鉄道界の実力者であった井上勝もやがてその必要性を認め、陸軍と相談しながら、戦時の後方輸送に役立つ国内鉄道の整備に力を注ぐようになった。

日清戦争のときの鉄道の、後方輸送での活躍ぶりは人々にその重要性を認識させたのであり、鉄道の整備に弾みがついた。さらに日露戦争では、戦地でも鉄道が活躍したのであり、朝鮮半島内と満州内での鉄道の発展のきっかけになった。特に日露戦争後の満州で、満州内の鉄道関係の権益を守り、日本の経済的な発展に資する目的で、満鉄と関東軍が手を組んで活動をはじめてからは、国内の鉄道も含めて、鉄道が単なる輸送機関ではなくなった。日本の海外発展の尖兵になったのである。

しかし、いっぽうでこのことが、満州事変とそれに続く戦争の遠因にもなったのであり、最終的には日本に敗戦をもたらした。

そうはいっても、その延長線上に現在の日本の発展があるのであり、短絡的に、満鉄がなければとか、日露戦争をしなければといった批判をすることには問題があろう。歴史は人間の社会活動によりつくられるのであり、独裁者といえども個人の力ではどうにもならないものがあるからである。

そのような、日本の国策の下で鉄道が、組織として発展してきた歴史とは別に、戦場で作戦の一機能を担う、陸軍鉄道部隊の発展の歴史もあった。こちらは、飛行機や戦車、軍艦の発展の歴史と共通する性格のものである。

しかし鉄道は、戦場で活動するときも、第一線の兵器というよりは後方支援的な性格が強いので、発展ということでは、飛行機などに比べて次等の立場におかれた。ただ軍とは別に、鉄道省が独自で技術開発をしていたので、軍もそれを利用させてもらうことになり、考えられるほどは、後《おく》れていなかったといってよかろう。

戦前からの日本の国際列車の計画は、戦後の新幹線や海底トンネルの技術として開花し、日本の鉄道技術は現在世界一流の水準にある。これには、軍事的な要求と結びついてきたから発展したといえる面があるのであり、鉄道という平和な輸送手段を戦争と結びつけて考えるのはまちがっているという、本書への批判は成り立たないと考える。
「戦争・軍事」と「鉄道」の関係を掘り下げて分析した一般書は、過去に見られなかった。私は若いときから日本各地や世界各地を自分の目で見て歩き、防衛大出の自衛官としての身分をもつ軍事史研究者として研究活動をしてきた経歴から、それができると思ってこの本の著作に挑戦してみた。読者の皆さんが、これまで気づかれなかったものを、私の記述の中に発見していただければ幸いである。

最後になったが、資料収集に便宜を図っていただいた鉄道総合技術研究所その他の鉄道関係の方々にお礼を申し上げる。また牛嶋義勝氏には単行本出版の際にお世話になった。今回、NF文庫に納めるにあたり、潮書房光人社の鶴野智子氏にご苦労をかけた。感謝にたえない。

平成二十五年五月

熊谷　直

主要参考文献＊日本国有鉄道『日本国有鉄道百年史』＊日本国有鉄道『鉄道八十年のあゆみ』＊日本国有鉄道『鉄道技術発達史』＊野田正穂他『明治期鉄道史資料』＊野田正穂他『大正期鉄道史資料』＊刀水歴史全書『日本鉄道史（技術と人物）』＊交通統計研究所『国有鉄道鉄道統計累年表』＊原田勝正『日本の国鉄』＊陸軍省『明治軍事史上・下』＊参謀本部『明治二十七八年日清戦史』＊参謀本部『秘明治三十三年清国事変戦史』＊参謀本部『明治三十七八年日露戦史』＊参謀本部『秘大正七年乃至十一年西伯利出兵史』＊谷寿男『機密日露戦史』＊坂部護郎『将軍長岡外史』＊人物往来社『世界の戦史8　ビスマルクとリンカーン』＊リデル・ハート『第一次世界大戦』＊フライタッハ・ローリングホーフェン『大戦と独逸の経験』＊R・グレーヴズ『アラビアのロレンス』＊ロイド・ジョージ『世界大戦回顧録』＊防衛研修所戦史室『大本営陸軍部3』＊防衛研修所戦史室『関東軍1・2』＊防衛研修所戦史室『支那事変陸軍作戦1・2』＊防衛研修所戦史室『陸軍軍需動員1・2』＊吉原矩『日本陸軍工兵史』＊不二出版『十五年戦争極秘資料集第七集』＊参謀本部『敗戦の記録』＊MacArthur General Staff"Reports of General MacArthur"＊青木孝寿『松代大本営歴史の証言』＊鉄道隊四十年記念祭委員『回顧四十年』＊藤原勝正『鉄道隊創立八十周年記念　思い出の記』＊柳井潔『戦うビルマ鉄道隊』＊陸戦史研究普及会『国境会戦と遅滞行動』＊佐々木春隆『朝鮮戦争』＊伊藤東作『幻の鉄道部隊』＊ケニス・ハリスン『あっぱれ日本兵』＊山口県『山口県政史』

単行本　平成二十一年五月　光人社刊

NF文庫

軍用鉄道発達物語　新装版

二〇二三年六月二十四日　第一刷発行

著　者　熊谷　直

発行者　皆川豪志

発行所　株式会社　潮書房光人新社

〒100-8077　東京都千代田区大手町一-七-二

電話／〇三-六二八一-九八九一代

印刷・製本　中央精版印刷株式会社

定価はカバーに表示してあります

乱丁・落丁のものはお取りかえ致します。本文は中性紙を使用

ISBN978-4-7698-3316-1　C0195

http://www.kojinsha.co.jp

NF文庫

刊行のことば

第二次世界大戦の戦火が熄《や》んで五〇年——その間、小社は夥しい数の戦争の記録を渉猟し、発掘し、常に公正なる立場を貫いて書誌とし、大方の絶讃を博して今日に及ぶが、その源は、散華された世代への熱き思い入れであり、同時に、その記録を誌して平和の礎とし、後世に伝えんとするにある。

小社の出版物は、戦記、伝記、文学、エッセイ、写真集、その他、すでに一、〇〇〇点を越え、加えて戦後五〇年になんなんとするを契機として、「光人社NF（ノンフィクション）文庫」を創刊して、読者諸賢の熱烈要望におこたえする次第である。人生のバイブルとして、心弱きときの活性の糧《かて》として、散華の世代からの感動の肉声に、あなたもぜひ、耳を傾けて下さい。